LA DÉCENTRALISATION CAMEROUNAISE

Droits africains et malgache
Collection dirigée par Magloire ONDOA

La collection « Droits africains et malgache » accueille les travaux de chercheurs, enseignants et étudiants, ou praticiens, soucieux de contribuer à cette œuvre de réconciliation du droit en vigueur avec le droit étudié, d'une part ; de l'autre, d'élimination de la distance séparant les citoyens africains de leurs droits vivants, c'est-à-dire, ceux qui leur sont effectivement appliqués.

Déjà parus

Anicet ABAN ATANGANA, *Administration fiscale et contribuable au Cameroun*, 2010.

Joseph Owona

LA DÉCENTRALISATION CAMEROUNAISE

L'Harmattan

Du même auteur

Encyclopédie de la République unie du Cameroun (4 tomes), (avec NJOH MOUELLE Ebénézer), Nouvelles Éditions Africaines, Dakar, Abidjan 1981

Encyclopédie Juridique de l'Afrique (avec SIKHE Camara, sous-direction GONIDEC PF), tome II, Droit international et relations internationales, Nouvelles Éditions Africains, Dakar, Abidjan, 1982

Droit constitutionnel et régimes politiques africains, Manuels B.L., 3 mondes en devenir, Berger Levrault, Paris, 1985

La Nouvelle Voie chinoise ou l'air pur du soir, Mondes en devenir XXIX, Points chauds 14, Berger Levrault, Paris, 1986

La République populaire démocratique de Corée, Mondes en devenir LIV, Points chauds 14, Berger Levrault, Paris, 1987

Droit administratif spécial de la République du Cameroun, EDICEF, Série Manuels et Travaux de l'Université de Yaoundé 1985.

Aperçu sur les principes élémentaires du droit international contemporain, Travaux de recherches de l'université de Yaoundé, 1986

Droits constitutionnels et institutions politiques du monde contemporain : étude comparative, L'Harmattan, Paris, 2010

5-7, rue de l'Ecole-Polytechnique, 75005 Paris

http://www.librairieharmattan.com
diffusion.harmattan@wanadoo.fr
harmattan1@wanadoo.fr

ISBN : 978-2-296-55409-2
EAN : 9782296554092

REMERCIEMENTS

Mes remerciements vont à une génération particulière d'artisans de l'ombre dont les travaux de saisie, relectures et autres mises en forme ont su faire rejaillir l'essence didactique du présent travail. Je pense tout particulièrement à Monsieur **Sylvestre GWET MATIP**, Environnementaliste, fondamentaliste de Biologie et Mlle **Berthine NSEOUGMOE** du Cabinet J. O. International Consulting.

PRÉFACE

L'importante réforme constitutionnelle du 18 janvier 1996 fait de notre pays, un État unitaire décentralisé. Depuis lors et sous la très haute impulsion du Président de la République, Son Excellence monsieur Paul Biya, notre processus de décentralisation connaît une mise en œuvre méthodique, rationnelle et progressive.

C'est ainsi qu'après les trois premières lois dites de décentralisation du 22 juillet 2004, l'arsenal législatif et réglementaire encadrant le processus de décentralisation s'est constamment enrichi.

Et depuis l'exercice budgétaire 2010, l'État a décidé à travers neuf départements ministériels, du transfert de certaines compétences et des ressources y afférentes aux communautés urbaines et aux communes.

Notre modèle de décentralisation, ainsi mis en œuvre, est une réforme en profondeur de l'État. C'est une option majeure de la politique des Grandes Ambitions du Chef de l'État. Cette politique interpelle tous les acteurs sociaux pour sa mise en œuvre réussie.

C'est dans cette perspective qu'il convient d'inscrire la contribution du professeur Joseph OWONA. Éminent juriste publiciste et haut commis de l'État dont l'expérience dans la gestion de la chose publique n'est plus à démontrer, l'auteur de : « La décentralisation camerounaise : les collectivités territoriales décentralisées », apporte une lecture éclairée des enjeux de la décentralisation dans le contexte qui est le nôtre.

Les expériences extérieures présentées, l'historique de la décentralisation camerounaise et l'actualisation de cette même décentralisation sont autant de faits pertinents à mettre au crédit de l'initiative du professeur Joseph OWONA.

C'est une initiative citoyenne que le ministère de l'Administration territoriale et de la Décentralisation salue positivement.

Notre processus de décentralisation étant participatif et ouvert à tous, l'ouvrage du professeur Joseph OWONA aidera sans nul doute, autant les théoriciens que les praticiens et autres acteurs sociaux intéressés par une compréhension objective dudit processus./-

Le ministre d'État, ministre de l'Administration territoriale et de la Décentralisation

MARAFA HAMIDOU YAYA

INTRODUCTION GÉNÉRALE

I. LA DÉCENTRALISATION ET LA DÉCONCENTRATION, DEUX CONCEPTS DIFFÉRENTS

I.1- LA DÉCONCENTRATION

La déconcentration est une modalité d'organisation interne du pouvoir centralisé de l'État. L'État décide de nommer à la périphérie des agents du pouvoir central soumis, qui prennent sur place des décisions en son nom. Il y a un déplacement spatial des agents de décision relevant toujours de l'autorité de l'État central.

I.2- LA DÉCENTRALISATION

La décentralisation est une modalité d'organisation du pouvoir administratif dans laquelle l'État crée des personnes publiques décentralisées et leur attribue des compétences et des ressources tout en conservant des pouvoirs de tutelle et de surveillance.

C'est un moyen de développement de la démocratie et plus particulièrement de la démocratie locale, proche des citoyens.

La décentralisation s'accompagne d'une institutionnalisation des contrôles administratifs et des contrôles financiers.

I.2.1- Quelques exemples de décentralisation

a. La France

La loi n°82/213 du 23 mars 1982 et celles qui l'ont suivie, ont institué en France la décentralisation territoriale au profit de la région[1].

La région est coiffée par trois (03) organes régionaux : le conseil régional, assemblée délibérante élue au suffrage universel direct ; le comité économique et social, organe consultatif et, le président du conseil régional substitué au préfet de région.

La Corse dispose d'une organisation particulière avec une assemblée, un conseil exécutif et un conseil économique, social et culturel.

L'État dispose d'un représentant en Corse qui détient des pouvoirs vis-à-vis des services déconcentrés de l'État.

---

[1] Voir loi du 10 juillet 1985, loi du 10 août 1986, loi du 19 janvier 1999, loi du 13 mai 1991et loi du 2 mars 1982.

b. L'Italie et l'Espagne

L'Italie et l'Espagne pratiquent également des expériences poussées de décentralisation/régionalisation.

b.1- L'Italie

L'Italie compte vingt (20) régions[1] dont les provinces et les communes en constituent les subdivisions. Les régions sont constituées en organismes autonomes ayant des pouvoirs particuliers et des fonctions particulières.

Les régions fixent des règles législatives dans certaines matières : organisation des offices et organismes administratifs régionaux, police locale rurale et urbaine, foires, marchés, musées, eaux minérales...

Elles exercent des fonctions administratives pour les matières énumérées précédemment ou déléguées par l'État. Elles ont une autonomie financière et une partie des contributions du Trésor leur est attribuée. Elles peuvent instituer des droits d'importation, d'exportation ou de transit.

Les organismes de la région italienne sont : le conseil régional, la *Giunta* et son président.

Le conseil régional exerce des pouvoirs législatifs et réglementaires dans les matières attribuées aux régions.

La *Giunta régionale* est l'exécutif de la région italienne.

Le président de la *Giunta* représente la région. Il promulgue les lois et les règlements régionaux et dirige les formations administratives régionales.

En Italie, la loi n° 81 de 1993 et la loi constitutionnelle n° 1 du 22 novembre 1999 ont consacré l'élection directe du président de la « Giunta » s'alignant sur celle des maires.

Cela a donné un poids politique aux institutions régionales.

b.2- L'Espagne

L'Espagne pratique un système d'autonomie régionale poussé. Ce pays compte dix-sept communautés autonomes dotées chacune d'un parlement et d'un gouvernement régional.

---

[1] Abuizzes, Aoste, Bosilicate, Calalue, Campanie, Enulie, Romagne, Ficoul Veullie Julienne, Latium Ligurie, Lombardu, Marches, Molise, Ombrie, Piemont, Pouille, Sardaigue Toscalpe Siale Tretin, Haut Adige, Venetre. Voir titre V de la constitution de 1947 (articles 114 à 139).

La Constitution du 29 décembre 1978 proclame le caractère indivisible de l'État espagnol (article 1er) et le « droit à l'autonomie des nationalités et des régions qui font partie de la nation espagnole » (article 2).

Ces communautés se gouvernent librement et assument de larges compétences dans les matières suivantes : organisation des institutions régionales, aménagement du territoire, urbanisme, logement, travaux publics d'intérêt régional, eaux et forêts, exploitations forestières, développement de la culture, assistance sociale…

Les communautés ont la compétence de principe et l'État central, des compétences d'attribution.

La communauté autonome est dirigée par un conseil législatif, assemblée élue au scrutin proportionnel universel et par un conseil de gouvernement.

Le délégué du gouvernement nommé par le gouvernement central coordonne l'action de l'administration de l'État avec l'administration propre de la communauté.

La Catalogne s'est prononcée par référendum (juin 2006) pour un renforcement de l'autonomie. C'est l'ultra décentralisation. Elle ressemble de plus en plus à un proto État avec son hymne, sa langue obligatoire, son drapeau et des prérogatives fiscales nouvelles, très développées.

c. Le royaume de Grande Bretagne

Le royaume de Grande-Bretagne présente également un système renforcé d'autonomie régionale. Celle-ci repose sur les « lois de dévolution » votées par le parlement britannique de Westminster, qui accordent des pouvoirs importants à certaines collectivités territoriales locales : « *Government of Scotland Act* » de 1998, « *Government of Wales Act* » de 1998, *« London Government Act* » de 1999 et *« local Government Acts* » de 1972, 1985 et de 2000.

Les collectivités territoriales britanniques constituent des modèles « d'organisation *sui generis* », spécifiques à chaque collectivité concernée.

c.1- Le grand Londres

Le grand Londres bénéficie d'une organisation spécifique : « **L'Autorité du Grand Londres** » (GLA) qui s'articule autour d'un maire, d'une assemblée et de quatre (04) autorités administratives déconcentrées relevant du gouvernement central.

Le maire ainsi que l'assemblée sont élus au suffrage universel direct, mais par des élections séparées se déroulant le même jour.

L'assemblée de l'Autorité du Grand Londres (GLA) comprend 25 membres élus selon un mode de scrutin mixte : 14 d'entre eux, représentant une zone géographique de Londres, sont élus au scrutin majoritaire à un tour et les 11 autres membres sont élus au scrutin de liste. La première élection s'est déroulée en 2000.

Deux administrations, l'administration londonienne pour les transports et l'Agence pour le développement économique, relèvent du gouvernement central.

L'autorité de police métropolitaine et l'autorité responsable des services d'incendie relèvent de la mairie.

c.2- Les autres collectivités

Depuis 1998, les autres collectivités sont assujetties à un régime de « **régionalisation différenciée** ».

c.2.1- L'Ecosse

L'Ecosse est dotée d'un Parlement monocaméral coiffé d'un Premier ministre et des ministres.

Le parlement écossais comprend 129 membres : 73 élus au scrutin majoritaire à un tour dans le cadre des mêmes circonscriptions que le parlement britannique de Westminster, et 56 élus à la proportionnelle dans le cadre des circonscriptions régionales. Il détient un pouvoir législatif primaire et secondaire ainsi que des pouvoirs qui lui sont expressément attribués auparavant au « Scottish office ». Il peut instituer à son profit une surtaxe à l'impôt sur le revenu des personnes physiques perçu par le gouvernement central. Il peut faire varier la taxe foncière locale (*Council tax*).

Le gouvernement écossais (*Scottish Executive*) est dirigé par un Premier ministre désigné par l'Assemblée et assisté de ministres. Il représente l'Ecosse au conseil des ministres de l'Union européenne.

c.2.2- Le pays de Galles

Le Pays de Galles dispose d'une assemblée régionale élue pour quatre ans au suffrage universel direct et d'une commission exécutive.

L'Assemblée nationale galloise comprend 60 membres : 20 élus au scrutin majoritaire à un tour dans le cadre des circonscriptions du parlement britannique, et 40 élus à la proportionnelle dans le cadre des circonscriptions régionales.

Elle n'a pas de pouvoir législatif primaire et ne dispose pas de fiscalité propre. Elle prend de simples lois d'application et des règlements dans les domaines de compétences qui lui sont dévolus. Elle a la responsabilité des services publics.

La commission exécutive de l'Assemblée constitue son organe exécutif. Elle comprend un secrétaire général (*First secretary*) élu par l'Assemblée, et des secrétaires parlementaires.

c.2.3- L'Irlande du Nord

- L'Irlande du Nord a connu après le « *Good Friday agreement* » du 10 avril 1998, une accélération du processus de rétrocession de la gestion directe de ce territoire par les Nord Irlandais dans un contexte difficile de confrontations entre catholiques et protestants.

« L'accord du vendredi Saint » a permis la mise en place d'une assemblée régionale semi-autonome. Elle dispose d'un pouvoir législatif propre dans les domaines de compétences qui lui sont impartis. Elle comprend 108 membres et constitue à la fois une autorité législative et exécutive.

L'assemblée régionale élit en son sein un comité exécutif mixte composé d'un Premier ministre (*First minister*), d'un Premier ministre adjoint et de 11 chefs de départements ministériels. Ici, la décentralisation reste très modeste étant donné :

- qu'elle ne concerne pas les fonctions essentielles telles que la justice, la défense, la sûreté, les relations internationales ou la fiscalité ;

- que le processus de dévolution peut faire l'objet de suspension : celle du 14 octobre 2002 en constitue un cas[1].

---

[1] Voir BELL (J.), *La révolution constitutionnelle du Royaume-Uni*, RDP, 2000.
DEBBASH (C.) et BOURDON (J.) *Droit constitutionnel et institutions politiques*, 4e Edition, Paris, Economica, 2001, p. 288, p. 289, 290, 293.
Site Internet : centre de ressources EUROPA.
Organisation politique et administrative sur la régionalisation, Grande-Bretagne.

c.3- Les mécanismes de coordination de l'unité organique du Royaume de Grande Bretagne

Il existe des mécanismes de coordination qui ont été institués et qui permettent d'assurer et de garantir l'unité organique du royaume de Grande Bretagne. Ces mécanismes s'appuient sur :

- le respect des lois de dévolution « *Act of Union* » de 1707 qui constitue le socle de l'Union de l'Ecosse avec le Royaume-Uni et, ne peuvent être modifiés.

Le Parlement d'Ecosse ne peut légiférer que pour l'Ecosse, il doit respecter le droit communautaire, et le « *Judicial commitee* » du *Privy council* exerce un contrôle de la constitutionnalité de ses lois.

- l'examen des projets d'intérêt commun par un comité ministériel conjoint (Grande-Bretagne, Ecosse, Pays de Galles), composé du représentant du premier ministre britannique et des représentants des exécutifs gallois et écossais ;

- l'exercice des prérogatives mises à la disposition du gouvernement de Londres. Prérogatives régaliennes qui se déclinent en termes de suspension et de dissolution vis-à-vis des institutions d'Irlande du Nord.

Bref, le Royaume-Uni de Grande-Bretagne reste un État unitaire fortement décentralisé en entités locales spécifiques. Toutefois, le « *Deputy prime minister office* » reste chargé des problèmes de décentralisation et de l'administration locale et à ce titre, exerce un contrôle strict sur le niveau des dépenses locales : plafonnement des emprunts, exécution forcée de certaines tâches (services sociaux, lutte contre les incendies).

II. LA RÉPUBLIQUE DU CAMEROUN

La République du Cameroun a amorcé récemment une expérience conséquente de décentralisation/régionalisation.

Certains repères peuvent être tracés pour expliquer et matérialiser cette évolution notable. Il conviendrait également de distinguer le cas du Cameroun francophone, de celui du Cameroun anglophone.

II.1- LA DÉCENTRALISATION DANS L'EX CAMEROUN OCCIDENTAL

II.1.1- L'organisation administrative

Au départ de la colonisation allemande, le pays est divisé en districts administratifs. Les districts sous administration civile couvrent la côte et les principales villes : Assidinge, Victoria, Buea, Douala, Yabassi, Edéa, Yaoundé et Kribi. Les districts militaires comprennent les villes et leurs régions : Ebolowa, Lomié, la station de Doumé, Dschang, Bamenda, Banyo et Tinto (Campo). Il y a également deux résidences : Garoua dans l'Adamaoua et Kousseri dans le Lac Tchad.

Diverses pratiques administratives vont cohabiter pour lever les impôts, assurer l'entretien des routes. Dans certaines zones, la levée des impôts sera confiée aux chefferies locales[1]. C'est là un début de décentralisation et d'« *indirect rule* ».

II.1.2- Le système issu de la constitution de 1954

Les divers statuts taxés de « constitutions » par Enonchong[2] décrivent les systèmes successivement mis en place au Cameroun anglophone après la colonisation allemande.

Le système de la constitution de 1954 mis en place comporte :

- un gouverneur général à Lagos qui est l'autorité administrative suprême ;

- un commissaire (Commissionner of Cameroons), président de l'Assemblée du territoire ;

- treize (13) membres élus parmi ceux de la chambre législative régionale ;

- six (06) représentants des autorités traditionnelles ;

- trois (03) membres *ex officio* : le Vice-commissaire, le secrétaire financier et le secrétaire juridique.

Enonchong note qu'aucun « organe d'administration n'existe au niveau des autorités traditionnelles » et que les chefferies sont universellement acceptées par la population sur la base du droit coutumier.

---

[1] Voir ENONCHONG, Cameroon Constitutionnal Law Federalism and Mixed Common Law and Civil Law System, CEPER, Unesco Yaoundé, octobre 1967, p. 50-51, p. 63, p. 188, etc.

[2] *Ibid.*

La marge des « *local authorities* » ou des « *native authorities* » est donc large, encourageant une certaine décentralisation.

II.1.3- La décentralisation bâtie sous l'égide de l'« *indirect rule* »

Emile Mbarga a sommairement décrit ce système de « **décentralisation** » bâti sous l'égide de **l'« *indirect rule* »** cher à Lord Lugard, gouverneur général du Nigeria[1].

a. Description du système

Ce système se présentait de la manière suivante :

- l'essentiel de la réglementation de base était consigné dans un document unique (ordonnance sur l'administration locale de 1948, ordonnance sur l'administration locale n°21 de 1950, chapitre 140 des lois du Nigeria de 1948) ;

- le Premier ministre détenait le pouvoir discrétionnaire de fixer l'étendue des compétences des autorités locales en toute liberté. Raison pour laquelle, il pouvait, notamment lorsqu'il créait une administration locale :

- décider que cette dernière n'exercera que certains pouvoirs conférés aux administrations locales par la réglementation ;

- fixer la composition de l'administration locale, la durée du mandat de ses membres, le mode d'élection ou de désignation des membres de celle-ci ;

- donner une autorisation générale ou limitée à une administration locale de contrôler et de gérer ses propres finances ;

- créer ou modifier le statut d'une administration locale ;

- en ordonner la suppression ou la fusion avec une autre ; suspendre ou dissoudre l'assemblée d'une administration locale…

C'était là un moyen efficace et pragmatique d'adapter les compétences d'une collectivité locale à sa situation particulière et à sa configuration.

b. Des structures locales et régionales hiérarchisées

Ces collectivités locales se présentaient en structures régionales et locales, hiérarchisées et étagées (vingt-six après la réforme de 1967).

---

[1] MBARGA Émile, « La décentralisation territoriale au Cameroun », Annale de la faculté de Droit et des Sciences Économiques, Université fédérale du Cameroun, Yaoundé 1972, p. 12-64.

Emile Mbarga soulignait à cet effet que les « communes rurales mixtes » avaient « un domaine d'affaires propres » bien limité par la loi et que les « *Native authorities* », ancêtres des administrations locales, avaient une mission plus globale visant à satisfaire l'intérêt général et instaurer le bien-être des habitants.

Les fonctions des autorités locales pouvaient être classées en trois catégories au Cameroun Occidental :

i) « assurer la sécurité et le bien-être des indigènes d'une part, et d'autre part, prévenir la commission des infractions pour classer les malfaiteurs ;

ii) faire fonctionner un certain nombre de services sociaux ;

iii) et enfin, assurer le développement économique de la circonscription ».

c. La « *Custumary courts* » : une particularité des collectivités locales

Une autre particularité était que les collectivités locales avaient elles-mêmes leur organisation judiciaire propre compétente pour juger les indigènes : la justice indigène constituée de « *Custumary courts* ».

Cette organisation ne s'appliquait qu'aux indigènes, c'est-à-dire aux originaires du Cameroun méridional justiciable de la justice coutumière. Elle est donc à caractère personnel et n'intéresse pas les résidents britanniques ou autres Européens.

II.1.4- Le «*Council* » ou assemblée locale

La nature des structures différait largement de celles du Cameroun Oriental.

L'organe délibérant, le « *Council* » ou assemblée locale, était formé sur décision du Premier ministre ou du secrétaire d'État à l'Administration locale agissant sur délégation. Il comprend une majorité de membres élus et une minorité de membres désignés et de membres de droit (les chefs traditionnels).

L'exécutif local était constitué de comités exécutifs, qui agissaient sur délégation du « Council » et auquel ils devaient rendre compte.

Les comités avaient un rôle classique dans l'étude préalable des problèmes avant toute discussion devant l'assemblée plénière du « *Council* ».

Ils ont aussi des pouvoirs exécutifs.

Les administrations locales ont réduit à deux le nombre de comités : le comité financier (*Finance committee*) et le comité chargé des matières autres que financières (*alla purposes committee*).

Le comité financier semblait être le plus important. Une instruction détaillée sur les finances locales du secrétaire d'État à l'Administration locale précisait ses obligations mensuelles.

Les comités détenaient un rôle exécutif en matière budgétaire, en matière d'implantation des services locaux et en matière de recrutement du personnel du bureau de l'administration locale.

Celui-ci était dirigé par le secrétaire administratif et comprenait des services administratifs techniques.

Le bureau assurait la liaison entre le « *Council* » et les comités. Il était chargé de la préparation et de l'exécution des décisions tant du « *Council* » que des comités.

Il était comparable au secrétariat général de la mairie dans le système francophone.

La position du maire, « *Chairman* » du « *Council* », était ici originale.

Il n'avait qu'une fonction de pure direction interne du « *Council* » qu'il représentait.

Il n'exerçait des attributions qu'au sein du « *Council* » dont il dirigeait les débats et les réunions.

Il était assisté d'un ou de plusieurs adjoints.

Ce n'était pas le maire, chef d'exécutif présidentiel institué de l'autre côté du Mungo, c'est-à-dire au Cameroun Oriental.

II.2- LA PRÉEMINENCE DES POLITIQUES DE CENTRALISATION DANS L'EX CAMEROUN ORIENTAL

Bockel[1] recensait pour les États de l'Afrique noire francophone deux modalités d'organisation de l'administration territoriale de l'État : le rattachement aux services centraux de l'État et, le regroupement en structures locales autonomes.

---

[1] BOCKEL (A.), « L'Administration territoriale et locale » dans *Encyclopédie Juridique de l'Afrique Tome I l'État et le droit* NEA, Dakar, 1982, p. 171-195.

La décentralisation était faible avec une prépondérance des structures « étatiques centralisées et hiérarchisées ». Le modèle français était repris et systématisé.

L'ex-Cameroun oriental ne faisait pas exception à cette tendance dominante dans les colonies de la France.

1. Le décret n° 57/501 du 16 avril 1957 portant Statut du Cameroun (JORF du 18 avril 1957) prévoyait l'organisation provinciale de l'État sous tutelle du Cameroun[1] : « Les régions administratives du Cameroun peuvent être groupées en provinces. Ces provinces sont dotées de la personnalité morale et jouissent de l'autonomie financière ».

Ce texte créait une **province du Nord Cameroun** groupant les régions de l'Adamaoua, de la Bénoué, du Diamaré, du Logone et Chari, du Margui-Wandala. Le chef-lieu de la province nommé par le haut-commissaire après l'accord du Premier ministre était responsable de l'administration de la province. Il exécutait le budget de la province et les décisions prises par l'assemblée provinciale. Il représentait la province dans tous les actes de la vie civile.

Était prévue, la création d'une assemblée provinciale composée des représentants à l'Assemblée législative des régions de la province et des délégués représentant le commandement coutumier traditionnel, les collectivités et les intérêts économiques, élus en nombre égal à celui des représentants du peuple suivant des modalités déterminées pour chaque province par l'Assemble législative.

L'assemblée provinciale avait compétence pour gérer les intérêts patrimoniaux et financiers de la province. Elle devait examiner et voter le budget de la province. Elle devait déterminer le régime du domaine et élaborer les programmes de travaux publics.

Elle devait exercer les attributions dévolues aux conseils municipaux des communes rurales dans les parties de la province non organisées.

Il lui revenait de constater, de rédiger et de codifier les coutumes notamment en ce qui concerne le statut des personnes et des biens et le commandement coutumier.

L'assemblée provinciale était obligatoirement consultée sur les programmes de développement économique et social de caractère provincial et sur les projets de loi ou de réglementation tendant à

---

[1] Voir GUIFFO MOPO (J.), *Constitutions du Cameroun. Documents Politiques et diplomatiques*, Yaoundé, Editions Stella, p. 31-23.

modifier l'organisation administrative et notamment à créer des ressorts de la province. Elle était aussi consultée sur les projets relatifs aux statuts des personnes et des biens et notamment sur ceux tendant à adopter les coutumes à l'évolution sociale et ceux relatifs au commandement coutumier.

Les recettes du budget provincial devaient provenir des ristournes annuelles consenties par l'Assemblée législative sur le montant des recouvrements (impôts et taxes) dans le ressort de la province et des centimes additionnels aux impôts perçus sur rôles dont le nombre maximum devait être fixé par l'Assemblée législative ; s'y ajoutaient les revenus des biens provinciaux et les recettes effectuées par les services publics provinciaux, les taxes provinciales créées par l'Assemblée provinciale et les subventions ou fonds de concours, emprunts, dons et legs.

Les dépenses obligatoires du budget provincial prévues étaient : les frais d'assiette et de perception, les dépenses de fonctionnement de l'assemblée provinciale et des organismes provinciaux et les charges de la dette.

Cette décentralisation, bien maligne, sous-tendant probablement une idée de sécession du septentrion, fut stoppée nette et ne connut aucune continuité.

2. L'ordonnance n° 58/1375 du 30 septembre 1958 portant statut du Cameroun ne reprit pas pareilles dispositions encore moins la loi n° 59/2 du 18 février 1959 tendant à fixer le fonctionnement des pouvoirs publics au Cameroun.

3. La loi n°59/56 du 31 octobre 1959 accordant au gouvernement le pouvoir de légiférer et de préparer la constitution camerounaise retint comme principe à mettre en œuvre, celui d'une « république une et indivisible », laïque, démocratique et sociale, point de décentralisation projetée ni à envisager.

4. C'est pourquoi la Constitution du 4 mars 1960 de la République du Cameroun se contenta de tracer des règles générales de droit commun :

- Le Cameroun était proclamé République « une et indivisible » (article 1er) ;

- Les « collectivités locales » de l'État – il n'est pas dit territoriales décentralisées – sont les provinces et les communes (titre 10).

Elles s'administrent librement par des conseils – il n'est pas précisé *élus*.

Ces collectivités étaient dotées de la personnalité morale et jouissant de l'autonomie financière (article 46).

Les autorités prévues pour être placées à la tête de ces collectivités comprenaient un conseil général de province chargé de la gestion des intérêts provinciaux et un ministre ou secrétaire d'État qui représente le Gouvernement et assure l'exécution des décisions du conseil de province.

Le conseil général de province devait être formé de conseillers élus ou désignés ainsi que de députés de l'Assemblée nationale, élus dans la province.

Les conseillers généraux de province étaient élus pour cinq ans, pour un mandat gratuit ne donnant lieu qu'à des indemnités de session et de déplacement.

Le modèle d'inspiration, secrétaire d'État ou ministre excepté, qui était recherché, était évidemment le français.

Cette décentralisation « provincialisation » n'a pas connu un début de développement conséquent non plus.

II.3- L'ÉCLIPSE FÉDÉRALE DES POLITIQUES DE DÉCENTRALISATION (1961-1972)

Le régime fédéral (1961-1972) va connaître une éclipse progressive des politiques de décentralisation.

La constitution fédérale du Cameroun (loi n°61/24 du 1er septembre 1961) consacre la fédération formée par la République du Cameroun et le Cameroun méridional anciennement sous tutelle britannique (article 1er).

Les ressortissants des États fédérés sont citoyens de la République Fédérale et possèdent la nationalité camerounaise. Elle assure l'égalité de tous devant la loi.

Il n'y a point de dispositions expresses consacrées au développement de la décentralisation.

Toutefois, la loi n° 61/LW-1 du 26 octobre 1961 portant constitution de l'État fédéré du Cameroun Occidental instituait un pouvoir législatif de l'État composé d'une Assemblée législative et d'une Assemblée des chefs traditionnels.

L'Assemblée des chefs traditionnels comprenait, un président nommé par le Premier ministre, au minimum dix-huit (18) et au maximum vingt-deux (22) membres choisis suivant les normes déterminées par le Premier ministre (articles 5 et 9).

L'Assemblée des chefs traditionnels avait un pouvoir d'appréciation sur les lois financières provenant de l'Assemblée législative (article 17, alinéas 2, 3, 4 et 6).

M. Lekene Donfack note dans sa thèse, l'effritement progressif du « *local government* »[1] sous la poussée des interventions fédérales.

Toutefois, l'article 6 de la constitution de la République Fédérale du Cameroun consacrait la compétence de la fédération en matière « **d'organisation administrative** ».

Un décret n° 61/DF/15 du 20 octobre 1961 a uniformisé « l'organisation administrative. Il a été créé des « **inspections fédérales d'administration** ».

Un inspecteur fédéral de l'administration est chargé de représenter le gouvernement fédéral, de veiller à l'exécution des lois, au maintien de l'ordre public et de contrôler et coordonner l'activité des services extérieurs.

Ce nivellement administratif a porté une atteinte forte au principe d'autonomie d'organisation en régime fédéral.

Une inspection fédérale pouvait grouper plusieurs départements préfigurant de cette manière les provinces devenues aujourd'hui des régions à part entière.

L'abaissement des « *Local councils* » était aussi évident et le nivellement administratif parfait.

II.4- LE RETOUR CONSTITUTIONNEL DE LA DÉCENTRALISATION : Tripartite (octobre-novembre 1991) et révision (18 janvier 1996)

1. « La République est un État unitaire décentralisé ». Elle est une et indivisible, laïque, démocratique et sociale » (article 1er, 2e alinéa).

Cette disposition constitutionnelle adoptée après la révision du 18 janvier 1996 marque le retour en force de la décentralisation (loi n° 96/06 du 18 janvier 1996).

---

[1] Voir LEKENE DONFACK, « L'expérience du fédéralisme camerounais : les causes et les enseignements d'un échec », Thèse de Doctorat d'État, Faculté de Droit et des Sciences Politiques, Université de Clermont, p. 132-144.

2. C'est le résultat des propositions de la Tripartite, réunion tenue à Yaoundé à la place de la Conférence nationale souveraine (30 octobre - 17 novembre 1991).

Elle regroupait plusieurs centaines de personnalités représentant respectivement les partis politiques, les pouvoirs publics et la société civile.

La Tripartite dans ses résolutions a proposé l'adoption de la décentralisation contre les thèses fédéralistes tendant à ressusciter la constitution de 1961.

La déclaration politique de la Tripartite optait pour l'idée « d'un État unitaire décentralisé » avalisé à son tour par le comité technique chargé du projet de révision et le comité consultatif constitutionnel créé par le président de la République (décret n° 94/234 du 14 décembre 1994).

La Constitution allait s'enrichir d'un nouveau titre X des collectivités territoriales décentralisées déroulant la décentralisation en plusieurs articles (articles 55 à 62).

L'étude de la décentralisation régionale et municipale au Cameroun peut se faire en plusieurs étapes comprenant :

- un passage en revue de l'armature normative qui préside à la décentralisation ;

- une rapide description des types de collectivités territoriales décentralisées existantes, actuellement en attente de la création d'autres espèces ;

- une analyse des transferts de compétences et de moyens par l'État ;

- un aperçu sur les institutions de gouvernance municipale et régionale agissant de concert avec l'État et l'étude des modalités de tutelle de l'État au niveau de la région et au niveau des départements et des communes.

CHAPITRE I

LES BASES NORMATIVES DE LA DÉCENTRALISATION

La décentralisation/régionalisation a une base constitutionnelle faite de normes définies par la loi fondamentale. Celles-ci ont été complétées par des lois et règlements appropriés.

I. UNE DÉCENTRALISATION FONDÉE SUR LA CONSTITUTION

La Constitution détermine la nature de l'État.

Elle fixe le cadre juridique des collectivités territoriales décentralisées.

I.1- LE CAMEROUN, ÉTAT UNITAIRE DÉCENTRALISÉ

1. Dans le passé, les constitutions camerounaises insistaient sur la nature unitaire ou fédérale de l'État.

L'État s'est longtemps affirmé comme un État unitaire très souvent qualifié à la jacobine comme « **un et indivisible** »[1].

Les textes constitutionnels ont inlassablement repris cette affirmation :

- la loi n° 59/56 du 31 octobre 1959 déclare « *le Cameroun est une république indépendante une et indivisible* » ;

- pour la Constitution du 4 mars 1960 (article 1er) : « *Le Cameroun est une République une et indivisible... Elle assure l'égalité devant la loi de tous les citoyens ...* » ;

- d'après la Constitution du 2 juin 1972 (Article 1er) : « *La République Fédérale du Cameroun formée de l'État du Cameroun oriental et de l'État du Cameroun occidental devient par la présente constitution un* ***État unitaire*** *sous la dénomination de la République Unie du Cameroun. La République Unie du Cameroun est une et indivisible* ».

Seule la constitution du 1er septembre 1961 faisait exception à la règle : « *la République Fédérale du Cameroun est formée à compter du*

---

[1] Voir OWONA Joseph, « La notion d'intégrité territoriale dans le droit constitutionnel et la vie politique française depuis 1789 », Thèse de Doctorat d'État en droit public, Université Paris II, novembre 1972.

1er septembre 1961, du territoire de la République du Cameroun désormais appelé Cameroun oriental et du territoire du Cameroun méridional anciennement sous tutelle britannique, désormais appelé Cameroun occidental... Elle assure l'égalité devant la loi de tous les citoyens ».

2. Après la révision constitutionnelle du 18 janvier 1996, la Constitution innove véritablement.

D'abord, l'article 1er (alinéa 1er) dit ceci :

(1) « *La République du Cameroun est un État unitaire décentralisé.*

Elle est une et indivisible, laïque démocratique et sociale ;

Elle assure l'égalité de tous les citoyens devant la loi ».

Et comme il est de coutume, cette forme unitaire est fortement protégée par ladite constitution :

« *La souveraineté nationale appartient au peuple camerounais... Aucune fraction du peuple, ni aucun individu ne peut s'en attribuer l'exercice* » (article 1er – 8e alinéa).

Il est encore prescrit que « *les partis et formations politiques concourent à l'expression du suffrage. Ils doivent respecter les principes de la démocratie, de la souveraineté et de l'unité nationale. Ils exercent leurs activités conformément à la loi* ».

Il faut dire que la loi pénale (article 111) punit la sécession : « *est puni de l'emprisonnement à vie, celui qui en temps de paix, entreprend par quelque moyen que ce soit de porter atteinte à l'intégrité du territoire* ».

Des assemblées sécessionnistes d'une région seraient forcément hors la loi de par la Constitution elle-même qui proclame et garantit la nature d'État *unitaire décentralisé.*

Celle-ci a donc une base constitutionnelle patente. Alain Didier Olinga note que la question de la régionalisation a occupé une place importante à côté de la question des minorités et des populations autochtones[1]. Ensuite, dans un second temps, le Sénat, sans avoir une compétence spéciale et déterminée dans ce domaine, apparaît tout de même comme un pilier institutionnel important de la décentralisation.

---

[1] OLINGA (A. D.), *La Constitution du Cameroun*, (Editions de la terre africaine), Presses de l'UCAC, Yaoundé, 2006, p. 266.

L'article 14 de la Constitution dispose que « le pouvoir législatif est exercé par le Parlement qui comprend deux chambres : l'Assemblée Nationale et le Sénat ».

Et elle ajoute à l'article 20 (alinéas 1 et 2) : « Le Sénat représente les collectivités territoriales décentralisées.

(2) Chaque région est représentée au Sénat par dix (10) sénateurs dont sept (07) sont élus au suffrage universel indirect sur la base régionale et trois (03) nommés par le Président de la République ».

Les collectivités territoriales et plus particulièrement le commandement traditionnel participent ainsi à la décentralisation.

Le Cameroun se définit donc *in fine* et désormais comme un État unitaire décentralisé comportant des régions, des communes et un Sénat.

I.2- DES COLLECTIVITES TERRITORIALES DÉCENTRALISÉES CONSTITUTIONNELLES

Le titre X de la Constitution est consacré aux collectivités territoriales décentralisées que sont les régions et les communes tout en prévoyant un autre type de collectivité territoriale qui pourrait être créé par la loi.

I.2.1- La création constitutionnelle des régions originelles

L'article 61 de la Constitution a créé les dix (10) régions originelles : « *Sont constituées en régions, les provinces suivantes : l'Adamaoua, le Centre, l'Est, l'extrême Nord, le Littoral, le Nord, le Nord-ouest, l'Ouest, le Sud, le Sud-ouest* ».

Ce sont les provinces originelles.

Il faut noter toutefois que « *le Président de la République peut, en tant que de besoin, modifier les dénominations et les délimitations géographiques des régions énumérées, créer d'autres régions* » et « *dans ce cas, leur attribue une dénomination et fixe leurs délimitations géographiques* ».

I.2.2- Les principes constitutionnels d'organisation

1. « Les collectivités territoriales décentralisées sont des personnes morales de droit public. Elles jouissent de l'autonomie financière pour la gestion des intérêts régionaux et locaux », déclare l'article 55, alinéa 2, 1er Paragraphe, de la Constitution.

La notion d'intérêts régionaux s'applique aux régions et celle d'intérêts locaux aux communes.

Que faut-il comprendre par ces notions ?

Pour la région, les intérêts régionaux signifient probablement les affaires de la zone géographique déterminée par la région.

Les intérêts locaux peuvent être compris comme les affaires de la commune intéressant son aire géographique.

Cela peut être également compris comme la poursuite et la promotion « du développement économique, social, sanitaire, éducatif, culturel et sportif » de ces collectivités, c'est-à-dire des régions et de la commune.

Le développement a été retenu comme matière principale par la Constitution elle-même.

La jurisprudence sera appelée à faire la part de l'effectivité de ces concepts.

2. « Elles s'administrent librement par des conseils élus et dans les conditions fixées par la loi ».

La formule est certainement plus large que celle de 1957 et de la Constitution du 4 mars 1960 qui prévoyait simplement que ces collectivités locales s'administrent librement par des conseils sans spécifier l'exigence de leur élection.

3. « *L'État assure la tutelle sur les collectivités territoriales décentralisées dans les conditions fixées par la loi* » (article 55, 4e alinéa, de la Constitution).

La « **tutelle administrative** » comprend un ensemble de moyens de contrôle dont dispose le Gouvernement et plus particulièrement ses représentants (délégué du gouvernement, préfet, sous-préfet) sur les collectivités territoriales (régions ou communes) et les établissements privés d'intérêt public : pouvoir d'approbation des décisions, droit d'information sur ces activités…

La Constitution trace dans ce domaine des règles précises :

i) un délégué nommé par le président de la République représente l'État et assure la charge des intérêts nationaux, du contrôle administratif, du respect des lois et règlements et du maintien de l'ordre public ; il coordonne sous l'autorité du gouvernement, les services de l'administration de l'État dans la région ; il assure la tutelle de l'État sur la région ;

ii) le président de la République peut suspendre le conseil régional lorsqu'il accomplit des actes contraires à la Constitution, porte atteinte à la sécurité de l'État ou à l'ordre public, ou met en péril l'intégrité du territoire.

Le Président peut également dissoudre le conseil régional pour les motifs précités, l'État dans ce cas se substitue à la région.

Il peut également suspendre le bureau et le président du conseil régional pour les mêmes motifs. Il peut même les destituer et décider une substitution de plein droit par l'État.

4. « L'État veille au développement harmonieux de toutes les collectivités territoriales décentralisées sur la base de la solidarité nationale, des potentialités régionales et de l'équilibre interrégional » (article 55, 4e alinéa).

Les notions phares ici sont : le développement harmonieux de toutes les collectivités territoriales, « la solidarité nationale », « l'équilibre interrégional » et les potentialités régionales.

II. UNE DÉCENTRALISATION RÉGIE PAR LES LOIS ET RÈGLEMENTS

Les lois et règlements d'applications aménagent le régime juridique des collectivités territoriales.

1. La Constitution établit la nature essentiellement législative du régime juridique des collectivités territoriales décentralisées et elle fait constamment recours à la loi, pour :

- déterminer les conditions de libre administration des collectivités territoriales décentralisées, les conditions d'organisation, de fonctionnement et le régime financier des collectivités territoriales ;

- fixer le régime des régions et des communes ;

- opérer le partage des compétences entre l'État et les régions, fixer les ressources et le patrimoine particulier de la région.

Les autres cas de suspension et de dissolution des organes régionaux non déterminés par les textes d'origines sont également définis par la loi.

2. De nombreuses lois sont intervenues pour déterminer le régime juridique de la décentralisation/régionalisation « **nouvelle donne** » :

- loi n° 2004/17 du 22 juillet 2004 d'orientation de la décentralisation ;

- loi n° 2004/18 du 22 juillet 2004 fixant les règles applicables aux communes ;

- loi n° 2004/19 du 22 juillet 2004 fixant les règles applicables aux régions ;

- loi n° 2009/011 du 10 juillet 2009 portant régime financier des collectivités territoriales décentralisées.

3. « *Les matières autres que celles qui sont du domaine de la loi ressortissent au pouvoir réglementaire* ». Cette règle de l'article 27 de la Constitution trouve ici application. Un vaste domaine d'intervention est ouvert à titre principal à l'intervention des règlements donc du pouvoir exécutif.

Quelques textes réglementaires peuvent ici être évoqués :

i) D'abord des textes du président de la République :

- le décret n° 77/91 du 25 mars 1977 déterminant les pouvoirs de tutelle sur les communes, les syndicats de communes et établissements communaux et tous les textes modificatifs subséquents ;

- le décret n° 77/85 du 22 mars 1977 fixant les modalités de fonctionnement et de gestion du FEICOM et des textes subséquents ;

- le décret n° 77/418 du 24 octobre 1977 portant création des services provinciaux des communes ;

- le décret n° 77/494 du 7 décembre 1977 portant création du Centre de formation pour l'administration municipale (CEFAM) ;

- le décret n° 87/1365 du 25 septembre 1987 portant création de la communauté urbaine de Yaoundé ;

- le décret n° 87/1366 du 25 septembre 1987 portant création de la communauté urbaine de Douala ;

- le décret n° 32 du 25 novembre 1987 portant création de communes urbaines et rurales ;

- le décret n° 2008/117 du 24 avril 2007 portant création de communes ;

- le décret n° 2008/013 du 17 janvier 2008 portant création du conseil national de la décentralisation ;

- le décret n° 2008/014 du 17 janvier 2008 portant création du comité Interministériel des services locaux ;

- les décrets n° 2008/015 à 026 du 17 janvier 2008 portant création des communautés urbaines dans les villes de Ngaoundéré, Maroua, Nkongsamba, Edéa, Bertoua, Garoua, Bamenda, Bafoussam, Ebolowa, Kribi, Limbe et Kumba ;

- le décret n° 2009/248 du 05 août 2009 fixant les modalités d'évaluation et de répartition de la dotation générale de la décentralisation.

ii) Puis les textes du Premier ministre chef du gouvernement :

- le décret n° 2007/1139/PM du 03 septembre 2007 fixant les modalités d'émission, de recouvrement, de décentralisation, de répartition et de reversement des centimes additionnels communaux ;

- le décret n° 2008/0752 du 24 avril 2008 précisant certaines modalités d'organisation et de fonctionnement des organes délibérants et des exécutifs de la commune, de la communauté urbaine et du syndicat des communes ;

- l'arrêté n° 002/PM du 09 janvier 2004 portant organisation de cadre institutionnel exécution du Programme national de développement participatif (PNDP) ;

- l'arrêté n° 229/CAB/PM du 7 octobre 2009 portant réorganisation du cadre institutionnel d'exécution du Programme national de développement participatif ;

iii) Enfin les textes du ministre chargé de la Décentralisation :

- l'arrêté n° 136/A/MINTADT/DCTD du 24 août 2009 rendant exécutoires les tableaux types des emplois communaux ;

- le décret n° 2010/0239 PM du 26 février 2010 portant sur les modalités d'exercice de certaines compétences transférées par l'État aux communes en matière d'alimentation en eau potable dans les zones non couvertes par le réseau public de distribution de l'eau concédé par l'État[1] ;

---

[1] Voir *Cameroon Tribune* du 1 mars 2010 n°9548/5749 Série Documents

- le décret n° 2010/0240/PM du 26 février 2010 portant sur les modalités d'exercice de certaines compétences transférées par l'État aux communes en matière de création et d'entretien des routes rurales non classées, ainsi que de construction et de gestion des bacs de franchissement ;

- le décret n° 2010/0241/PM du 26 février 2010 portant sur les modalités d'exercice des compétences transférées par l'État aux communes en matière de gestion des centres de promotion de la femme et de la famille[1] ;

- le décret n° 2010/0242/PM du 26 février 2010 portant sur les modalités d'exercice de certaines compétences transférées par l'État aux communes en matière de promotion des activités de production agricole et de développement rural ;

- le décret n° 2010/0243 du 26 février 2010 portant sur les modalités d'exercice des compétences transférées par l'État aux communes en matière des aides et secours aux indigents et nécessiteux ;

- le décret n° 2010/0244/PM du 26 février 2010 portant sur les modalités d'exercice de certaines compétences transférées par l'État aux communes en matière de promotion des activités de production pastorale et piscicole ;

- le décret n° 2010/0245/PM du 26 février 2010 portant sur les modalités d'exercice de certaines compétences transférées par l'État aux communes en matière de culture…

Ces textes régissent le statut de deux types de collectivités territoriales décentralisées.

[1] *Ibid.*

CHAPITRE II

LES TYPES DE COLLECTIVITÉS TERRITORIALES DÉCENTRALISÉES : RÉGIONS ET COMMUNES

« *Les collectivités territoriales décentralisées de la République sont les régions et les communes* » (article 55 de la Constitution de 1972 modifié par la loi n° 2008/001 du 14 avril 2007).

Le Cameroun compte dix (10) régions et, Suzanne Ngane[1] dénombrait trois cent soixante-quatorze (374) municipalités réparties comme suit : quatorze (14) communautés urbaines et trois cent soixante (360) communes.

La commune apparaît comme une collectivité territoriale décentralisée de base.

Et la région constitue une collectivité territoriale décentralisée supérieure.

Il est à noter que « *Tout autre type de collectivité territoriale décentralisée est créé par la loi* ».

I. LA COMMUNE : COLLECTIVITÉ TERRITORIALE DE BASE

L'institution communale est apparue durant la période coloniale. Elle s'est renforcée après l'indépendance.

I.1- L'APPARITION COLONIALE DE LA COMMUNE

1. La commune s'est surajoutée aux chefferies traditionnelles d'origine.

« *La décentralisation administrative se réalisa pendant longtemps par des chefferies traditionnelles* ». Ainsi coexistaient une administration centralisée, établie dans le cadre des circonscriptions administratives, cercles ou districts et une administration traditionnelle représentée par les

[1] NGANE (S.), La décentralisation au Cameroun. Un enjeu de gouvernance, Afrédit, 2008, p.16.

chefs et les conseils autochtones »[1]. Des institutions communales électives ont fini par se développer dans les centres urbains.

2. Suzanne Ngane note que la réception de l'idée communale au Cameroun date de l'époque coloniale et que dès 1922, dans la partie occidentale du Cameroun les " *natives authorities*" ou "*local councils*" ont le droit de légiférer et d'établir les impôts sous le contrôle strict des « *district officers* »[2].

Elle indique l'intervention d'autres textes coloniaux importants :

- un décret du 23 avril 1941 organise le régime des communes mixtes qui regroupent dans leurs instances dirigeantes des représentants de la métropole à côté de ceux des populations locales.

Il n'est pas reconnu de personnalité juridique à la commune. Elle est dirigée par un administrateur maire nommé par le gouverneur. Celui-ci peut seul l'autoriser à ester en justice.

- Un arrêté du gouverneur du 25 juin 1941 a créé deux (02) communes, celle de Douala et de Yaoundé.

Elles sont dirigées par un maire désigné par le Haut-commissaire. Il est compétent en matière d'état civil, de police municipale et de petite voirie.

La commission municipale délibère sur le budget communal, les comptes administratifs et de gestion. Elle assure la gestion des biens communaux. Le 17 novembre 1947, des conseils municipaux se substituent aux commissions municipales.

La loi française de 1955 va créer des communes de plein exercice (Douala, Yaoundé) et des communes de moyen exercice, vite généralisées sur l'ensemble du territoire du Cameroun francophone.

I.2- L'HARMONISATION COMMUNALE NATIONALE DE 1974

1. La loi n° 74-23 du 5 décembre 1974 va porter organisation communale et harmoniser le cadre juridique de toutes les institutions communales du Cameroun.

---

[1] LUCHAIRE (F.), *Droit d'outremer*, Paris, Presses Universitaires de France, 1959, p. 314.

[2] NGANE (S), *La décentralisation au Cameroun Un enjeu de gouvernance, op.cit.*

2. Avec cette réforme, la commune devient une « *collectivité publique décentralisée et une personne morale de droit public* » (article 1er).

Elle est dotée de la personnalité juridique et de l'autonomie financière.

Elle gère les affaires locales sous la tutelle de l'État en vue du développement économique, social et culturel de ses populations.

La commune est **urbaine** quand son ressort territorial se réduit à une agglomération urbanisée. Elle est **rurale** quand son ressort territorial s'étend à la fois sur des agglomérations urbanisées ou non et sur les zones rurales (article 2 de la loi de 1974).

La commune est créée par un décret qui fixe sa dénomination, ses limites territoriales et son chef-lieu.

L'autonomie des autorités municipales n'est pas toujours totale :

- la commune urbaine est dirigée par un administrateur municipal nommé par voie réglementaire, assisté d'adjoints également nommés parmi les conseillers municipaux. Des sous-préfets ont été nommés administrateurs municipaux cumulativement à leurs fonctions de chefs d'unités administratives territoriales.

Les communes pouvaient s'associer en syndicats, soit à la demande de l'autorité de tutelle, soit par délibérations concordantes dûment approuvées des conseils municipaux intéressés.

Le syndicat des communes est un établissement public doté de la personnalité juridique.

3. Le maire ou l'administrateur municipal exerce des prérogatives importantes :

- il représente la commune dans les actes de la vie publique ;

- il préside de droit le conseil municipal et assure la police des réunions ;

- il est officier d'état civil et à ce titre, célèbre les mariages, enregistre et authentifie les naissances et les décès et en délivre les extraits ;

- il est chargé, sous le contrôle de l'autorité de tutelle et des organes compétents de l'État, de préparer et de proposer au conseil, le budget communal, d'ordonner les dépenses, de gérer les réunions communales, de diriger les travaux communaux, de pourvoir aux mesures de voirie municipale, d'établir un plan de campagne des travaux de voirie d'intérêt municipal, de passer les marchés, de souscrire les baux…, d'administrer le personnel communal, de représenter la commune en justice ;

- il nomme aux divers emplois communaux, toutefois les secrétaires généraux de mairie sont nommés par l'autorité de tutelle ;

- il publie les lois et les règlements de police et doit amener les populations à les observer ;

- il veille à l'application des lois générales, des lois et règlements dans la commune.

Il doit exécuter les instructions gouvernementales et prendre les mesures permettant de leur donner application.

Il est chargé de la police municipale et de l'exécution des actes y relatifs. Cette police a pour objet d'assurer, en relation avec les autorités administratives compétentes, l'ordre, la tranquillité et la salubrité publique.

Il assure la police des voies communales.

Il peut après une mise en demeure restée sans suite pendant deux (02) mois, faire démolir tout immeuble bâti en infraction au plan d'urbanisme ou menaçant ruine.

Le maire ou l'administrateur conduit le conseil dans les manifestations publiques et les cérémonies officielles, portant en bandoulière une écharpe aux couleurs nationales.

Le maire ou l'administrateur municipal a droit à une indemnité de fonction et à une fonction de représentation.

4. L'État assure une tutelle générale sur les communes et les syndicats dans le système instauré en 1974 :

- il pouvait provoquer toutes dispositions d'ordre administratif, économique et social propres à assurer le développement harmonieux des communes ;

- il pouvait définir et appliquer des méthodes de travail permettant d'accroître le rendement et d'améliorer la qualité des services communaux ;

- il pouvait promouvoir la formation et le recyclage du personnel communal.

L'autorité de tutelle peut créer au sein d'une commune, des délégations municipales et fixer leurs attributions.

5. La loi n° 92/002 du 14 août 1992 fixant les conditions d'élection des conseillers municipaux est venue accélérer l'émancipation des municipalités en assurant leur élection au suffrage universel, direct et secret :

« *Les conseillers municipaux sont élus pour cinq ans au suffrage universel, direct et secret. Ils sont rééligibles* » (article 2).

Le mode de scrutin choisi était un scrutin mixte à un tour comportant un système majoritaire et un système de représentation proportionnelle :

- une liste qui a obtenu la majorité absolue des suffrages exprimés est proclamée élue et remporte la totalité des sièges de la circonscription électorale ;

- lorsque aucune liste n'a pas obtenu la majorité absolue des suffrages exprimés, il est attribué à la liste ayant la majorité relative des suffrages exprimés, la moitié du nombre des sièges à pourvoir arrondi le cas échéant, à l'entier supérieur ;

- et en cas d'égalité de suffrages entre les listes arrivées en tête, ces sièges sont repartis à égalité entre lesdites listes et si le nombre de sièges est impair, le siège supplémentaire est attribué à la liste dont les candidats ont la moyenne d'âge la plus élevée.

Ce système électoral a donné naissance et favorisé l'apparition des équipes exécutives homogènes solidaires, surtout a entraîné la disparition de l'institution de l'administrateur municipal.

I.3- LES MUNICIPALITÉS DE LA LOI DU 22 JUILLET 2004 : Communes et Communautés Urbaines, Syndicats

La loi n°2004/18 du 22 juillet 2004 fixant les règles applicables aux communes, distingue la commune ordinaire de la commune à régime spécial couvrant certaines agglomérations urbaines particulières. Elle crée également, pour la mise en œuvre de la coopération et de la solidarité intercommunale, des syndicats de communes.

I.3.1- La commune ordinaire à régime de droit commun

La commune apparaît comme une collectivité territoriale décentralisée de base et de développement. Elle est une personne morale de droit public. Le président de la République peut modifier son assiette territoriale.

a. La commune : collectivité territoriale de base et de développement

1. La loi n° 2004/17 du 22 juillet 2004 d'orientation de la décentralisation range la commune au nombre des « *collectivités territoriales décentralisées* » (article 3) avec les régions.

La loi n° 2004/18 du 22 juillet 2004 fixant les règles applicables aux communes l'a qualifiée de « *collectivité territoriale décentralisée de base* » (article 2).

Elle est créée par décret du président de la République qui en fixe la dénomination, le ressort territorial et le chef-lieu.

La commune a une « mission générale de développement local et d'amélioration du cadre et des conditions de vie de ses habitants » (article 3 de la loi n° 2004/18).

Elle peut en plus de ses moyens propres, solliciter « *le concours des populations, d'organisations de la société civile, d'autres collectivités territoriales de l'État et de partenaires internationaux conformément à la législation et à la réglementation en vigueur* ».

Le recours à ces concours est décidé par délibération du Conseil municipal de la commune prise au vu, en tant que de besoin, du projet de convention y afférent.

2. Il convient de souligner que la loi d'orientation de la décentralisation la définit (loi n° 2004/17 du 22 juillet 2004) comme « *l'axe fondamental de promotion du développement, de la démocratie et de la bonne gouvernance au niveau local* ».

La commune peut, comme la région, exécuter des projets en partenariat entre communes, avec l'État, la région, les établissements publics, les entreprises du secteur public ou parapublic, les organisations non gouvernementales, des partenaires de la société civile ou des partenaires extérieurs dans les conditions et modalités fixées par des règles spécifiques.

b. La commune : personne morale de droit public

1. L'article 4 de la loi n°2004/17 du 22 juillet 2004 dispose que « *les collectivités territoriales sont des personnes morales de droit public.*

Elles jouissent de l'autonomie administrative et financière pour la gestion des intérêts régionaux et locaux » :

- la commune comme la région s'administre librement par un conseil élu dans les conditions fixées par la loi. Elle règle par délibérations du conseil municipal, les affaires de sa compétence et de l'administration locale ;

- elle a la capacité juridique, celle de vouloir comme celle d'ester en justice et d'exercer ses compétences propres dans le respect de la légalité et des sujétions imposées par la défense nationale ;

- elle gère et recrute librement le personnel nécessaire à l'accomplissement de sa mission conformément aux « tableaux types d'emplois » édictés par le ministre chargé de la Décentralisation [1] ;

- elle dispose de ses ressources et a son budget comme son patrimoine propre ;

- elle peut passer des contrats de droit privé conformément au droit commun ;

- elle peut posséder, sur cession de l'État, des biens meubles ou immeubles c'est-à-dire posséder un domaine privé, etc.

c. La commune : corporation territoriale

1. La commune comporte un **ressort territorial**

Son ressort territorial et son chef-lieu sont déterminés par décret du président de la République lors de sa création. Celui-ci peut opérer sa modification également par décret.

2. Le président de la République peut par décret **décider du regroupement temporaire de certaines communes** sur proposition du ministre chargé des Collectivités territoriales. Ce décret en précise les modalités.

Le regroupement temporaire peut résulter d'un projet de convention identique adopté par chacun des conseils municipaux ou d'un plan de regroupement élaboré par le ministre chargé des Collectivités territoriales. Le projet de convention dans ce cas peut être soumis aux conseils municipaux concernés pour ratification.

---

[1] Voir l'arrêté n°136/A/MINTAD/DCTD/ du 24 avril 2009 rendant exécutoires les tableaux types.

Les biens appartenant à une commune rattachée à une autre ou à une portion communale érigée en commune séparée, deviennent la propriété de la commune de rattachement ou de la nouvelle commune.

Le décret de rattachement ou d'éclatement détermine la dévolution des biens.

Le décret du président de la République en cas de rattachement ou d'éclatement d'une commune est pris après avis d'une commission.

Cette commission comprend des représentants des organes délibérants des communes concernées.

Les conseils et les exécutifs municipaux des communes concernées demeurent en fonction jusqu'à l'expiration de leur mandat.

3. Un décret n° 93/321 du 25 novembre 1993 portait création de communes urbaines et rurales au Cameroun.

Un nouveau texte, le décret n° 2007/117 du 24 avril 2007 est venu **refondre la carte municipale** du pays en créant des communes sur tout le territoire national.

De nouvelles communes ont ainsi été créées à travers le territoire national (annexe n°1, liste des communes).

I.3.2- La commune à régime spécial : les communautés urbaines

1. La loi n° 74/23 du 5 décembre 1974 portant organisation communale prévoyait (titre VI, chapitre unique) un régime spécial pour les communes de Yaoundé, Douala, Nkongsamba :

- le conseil municipal dans ces cas était présidé par un président assisté de vice-présidents élus de la même manière que les maires et leurs adjoints ;

- un délégué du gouvernement assisté par des adjoints faisant fonction de « maire comme dans les communes ordinaires ».

Le président de la République avait le pouvoir d'élever une commune au rang de commune à régime spécial.

2. L'article 8 de la loi n°2004/18 du 22 juillet 2004 dispose que :

« *Certaines agglomérations urbaines, en raison de leur particularité, peuvent être dotées d'un statut spécial conformément aux dispositions de la présente loi* ».

Ces dispositions sont confirmées par l'article 109 du Titre V de la même loi :

« Certaines agglomérations urbaines, en raison de leurs particularités, peuvent être érigées en communautés urbaines par décret du président de la République ».

3. La communauté urbaine se présente avec certaines caractéristiques.

i) La communauté urbaine porte l'appellation « ***Ville de …*** » immédiatement suivie de la dénomination de l'agglomération urbaine concernée : ville de Yaoundé, ville de Kribi, ville de Bamenda, ville de Douala…

ii) La communauté urbaine est constituée par des communes d'arrondissement et en comprend au moins **deux**.

iii) La communauté urbaine est une personne **morale de droit public** jouissant de la personnalité juridique et de l'autonomie financière.

iv) Le décret de création de la communauté urbaine en fixe le **siège** ainsi que son ressort territorial.

4. La communauté urbaine fonctionne *mutatis mutandis* suivant les règles applicables à la commune. Toutefois, elle comporte une organisation particulière :

- ***un conseil de la communauté urbaine*** composé de maires des communes d'arrondissement et des représentants désignés au sein des communes d'arrondissement au cours de la première session du conseil municipal suivant immédiatement la proclamation des résultats des élections (cinq conseillers). Le maire de la commune d'arrondissement est membre de droit du conseil de la communauté ;

- ***un délégué du gouvernement*** **auprès de la communauté** urbaine « *nommé par décret du Président de la République exerce la plénitude des fonctions et des attributions dévolues au maire à la tête de la communauté* ». Il est assisté d'adjoints nommés par arrêté du président de la République.

Il convoque et préside les sessions du conseil de la communauté urbaine. Il dirige l'exécutif de la communauté.

Dans l'exercice de ses fonctions, le délégué du gouvernement auprès de la communauté urbaine est chargé :

- de la préparation et de l'exécution des délibérations du conseil de communauté ;

- de la préparation et de l'exécution du budget de la communauté ;

- de l'organisation et de la gestion des services de la communauté ;

- de la direction des travaux communautaires et de la représentation de l'agglomération dans les cérémonies protocolaires.

À l'occasion des manifestations publiques, le délégué du gouvernement et les adjoints portent en ceinture une écharpe aux couleurs nationales avec glands à franges dorées pour le délégué du gouvernement et glands à franges argentées pour les adjoints.

5. Le président de la République peut par décret, soumettre aux dispositions du statut spécial, toute commune en raison de son importance et de son niveau de développement.

Il est à noter que le texte ne prévoit plus des conditions de populations habitant l'agglomération.

Des décrets récents (décrets n° 2008/015 à 026 du 17 janvier 2008) ont érigé en communautés urbaines les villes de Bafoussam, Bamenda, Bertoua, Ebolowa, Edéa, Garoua, Kribi, Kumba, Limbe, Maroua, Ngaoundéré, Nkongsamba, et.

Au total, le Cameroun compte aujourd'hui quatorze (14) communautés urbaines, trois cent soixante (360) communes[1] et des syndicats de communes

I.3.3- Le syndicat des communes : coopérative internationale

1. Le syndicat des communes est une **union des communes d'une région** ou d'un **même département**.

L'union se forme par délibérations concordantes acquises à la majorité d'au moins deux tiers (2/3) de chaque conseil municipal. Ces communes se regroupent pour réaliser des opérations d'intérêt intercommunal.

Le syndicat des communes est créé par une **convention signée des maires** des communes concernées.

Il est constitué en établissement public intercommunal, doté de la personnalité juridique et de l'autonomie administrative et financière.

---

[1] Voir Annexe n° I, décret n°2007/117 du 24 avril 2007 portant création de communes.

Il demeure soumis, *mutatis mutandis,* aux dispositions de la loi d'orientation de la décentralisation, ainsi qu'au régime juridique des communes.

2. Le syndicat des communes comporte deux organes : le conseil syndical et le président du syndicat.

Le **conseil** syndical est composé des maires assistés chacun de deux (02) conseillers désignés au sein de chaque commune syndiquée.

Le mandat des membres du conseil syndical obéit au régime juridique du conseil municipal auquel ils appartiennent. Ceux-ci sont remplacés suivant les règles applicables aux représentants des communes urbaines d'arrondissement au conseil de la communauté urbaine.

Il est dirigé par un **président** élu parmi les membres du conseil syndical pour un mandat d'un an renouvelable.

Il représente le syndicat dans les actes de la vie civile et en justice. À ce titre, le président est responsable devant le conseil syndical. Il est l'ordonnateur des dépenses et prescrit l'exécution des recettes du syndicat. Il propose l'organigramme et le plan d'action du syndicat. Il ordonne les recettes et les dépenses. Il prépare et présente les comptes du syndicat. Il conclut des marchés dans le respect des textes en vigueur. Il souscrit, dans les formes établies par les règlements les baux, emprunts et tous actes d'acquisition, de vente, de transaction, d'échange, de partage ou d'acceptation de dons et legs.

Il communique les procès-verbaux et les délibérations du conseil syndical aux maires des communes syndiquées. Ceux-ci sont tenus de les communiquer à leur conseil municipal respectif à l'occasion de la session la plus proche.

3. Le conseil syndical délibère sur les matières de sa compétence, c'est-à-dire sur le budget du syndicat, les comptes administratifs et de gestion, l'acquisition, l'aliénation et l'échange des biens syndicaux, les programmes d'action du syndicat, les demandes d'intervention des communes syndiquées, les adhésions de nouvelles communes et la gestion d'une entreprise publique ou d'un établissement public intercommunal.

Le budget du syndicat est préparé, voté, exécuté et apuré conformément aux stipulations de la convention de création et au régime financier des collectivités territoriales décentralisées.

4. L'adhésion d'une commune à un syndicat déjà constitué est soumise à **l'approbation préalable du conseil syndical**.

Et une commune peut se retirer du syndicat après consentement du conseil et selon les modalités fixées par la convention de création.

5. Le syndicat est **dissout** de plein droit à l'expiration de sa durée ou à l'achèvement de l'opération qu'il avait pour objet de conduire. Il peut être dissout par délibération des conseils municipaux intéressés prise à la majorité des deux tiers (2/3) au moins des membres de chaque conseil municipal. Les règles de droit commun sont alors appliquées.

Et l'acte de **dissolution** détermine sous réserve du droit des tiers les conditions de liquidation du syndicat.

II. LA RÉGION : COLLECTIVITÉ TERRITORIALE INTERDÉPARTEMENTALE

Deux (02) lois ont ramené la région au goût du jour : la loi n° 2004/17 du 22 juillet 2004 d'orientation de la décentralisation et la loi n° 2004/19 de la même date.

La région est une **collectivité territoriale interdépartementale**. Elle a une personnalité morale de droit public.

II.1- Le ressort interdépartemental de la région

1. Le décret n° **57/501 du 16 avril 1957** portant statut du Cameroun (JORF du 18 avril 1957) avait tenté sans succès de doter le Cameroun d'une organisation des régions administratives en provinces dotées de la personnalité morale et jouissant de l'autonomie financière. Ces provinces devaient être créées par décret sur proposition du gouvernement camerounais après avis de l'Assemblée législative.

Ce texte créait d'emblée une province du Nord Cameroun groupant les régions de l'Adamaoua, de la Bénoué, du Diamaré, du Logone et Chari, du Margui-Wandala et celles qui viendraient ultérieurement à y être rattachées. Le Chef-lieu de la province du Nord Cameroun était fixé à Garoua. Un chef de province nommé par le Haut-commissaire après accord du Premier ministre devait être responsable de l'administration de la province. Il exécutait le budget de la province et les décisions prises par l'assemblée provinciale.

Il devait représenter la province dans tous les actes de la vie civile. Il pouvait recevoir du gouverneur, du Premier ministre et des ministres, délégation des pouvoirs qui leur sont propres dans le ressort de la province.

Une assemblée provinciale pouvait être créée dans chaque province.

Elle devait avoir une composition mixte :

- des représentants de l'Assemblée législative des régions composant la province ;

- des délégués représentant le commandement coutumier traditionnel, les collectivités et des intérêts économiques.

L'assemblée avait pour rôle de gérer les intérêts patrimoniaux et financiers de la province. Elle examinait le budget, codifiait après constatation la coutume…[1].

La province du Nord Cameroun ne connut pas de lendemain à l'accession à l'indépendance du pays.

2. Les ressorts territoriaux de l'organisation administrative ont conservé jusque-là une configuration traditionnelle avec le département, l'arrondissement, et la commune et les provinces avant la création des régions.

3. Plusieurs dispositions fondent aujourd'hui la région comme collectivité territoriale décentralisée, interdépartementale ayant un ressort territorial étendu.

L'article 55 de la Constitution (loi n°2008/001 du 14 avril 2008) déclare :

« *Les collectivités territoriales décentralisées de la République sont les régions et les communes* ».

L'article 3 de la loi n° 2004/17 du 22 juillet 2004 d'orientation de la décentralisation confirme ces dispositions, dans les mêmes termes.

L'article 2 de la loi n° 2004/19 du 11 juillet 2008 déclare :

« *La région est une collectivité territoriale décentralisée constituée de plusieurs départements* ».

[1] Voir décret n°57/501 du 16 avril 1957 portant statut du Cameroun (JORF du 18 avril).

Le décret n°2008/376 du 12 novembre 2008 portant organisation administrative de la République du Cameroun précise la nature interdépartementale de la région. Il en fait une collectivité territoriale de dimension interdépartementale :

Article 1er : « *(1) Le territoire de la République du Cameroun est organisé en circonscriptions administratives.*

(2) constituent des circonscriptions administratives les régions, les départements, les arrondissements ».

Article 4 : « Le territoire national est subdivisé en dix (10) régions ainsi qu'il suit :

- région de l'Adamaoua ;
- région du Centre ;
- région de l'extrême Nord ;
- région du Littoral ;
- région du Nord ;
- région du Nord-ouest ;
- région de l'ouest ;
- région du Sud ;
- région du Sud-ouest ;
- région de l'Est.

Chacune des régions est composée de départements : Adamaoua (5), Centre (10), Est (4), extrême Nord (6), Littoral (4), Nord (4), Nord-ouest (7), Ouest (9), Sud (4) et Sud-ouest (6)[1].

Des **codes géographiques** ainsi que des coordonnées des circonscriptions administratives font l'objet d'un texte particulier.

La région, **collectivité territoriale interdépartementale**, est placée sous l'autorité du gouverneur. Le département qui fait partie d'une région l'est sous l'autorité du préfet et l'arrondissement sous l'autorité du sous-préfet.

La région a un ressort territorial interdépartemental et est constituée de plusieurs départements.

---

[1] Voir Décret n° 2008/376 du 12 novembre 2008 portant organisation administrative de la République du Cameroun.

La création, la modification, la dénomination et de la délimitation de la région s'opèrent conformément aux dispositions de la Constitution.

Le chef-lieu de chaque province érigée en région est le chef-lieu de la région.

4. Les modifications de l'assiette territoriale de la région emportent des conséquences notables :

- le rattachement d'une commune ou portion de commune a une région, la modification des limites territoriales des régions, la désignation de nouveaux chefs-lieux entraînent des **rectifications des limites** ou des chefs-lieux des circonscriptions administratives concernées ;

- le conseil régional et le conseil municipal intéressés donnent leur avis lors du rattachement d'une commune ou portion de commune ;

- les modifications de l'assiette des régions prennent effet à compter de la date d'ouverture de la première session du conseil régional sous réserves de dispositions contraires expresses ;

- les actes de modification des limites territoriales d'une ou de plusieurs régions déterminent le régime de dévolution des biens, d'attribution à la région ou aux régions de rattachement ou à l'État, des terrains et « édifices faisant partie du domaine public ou du domaine privé ou des libéralités avec charges faites en faveur de la région supprimée ».

II.2- La région personne morale de droit public en vue du développement

1. « *Les collectivités territoriales sont des personnes morales de droit public* » dit l'article 4 de la loi n° 2004/17 du 22 juillet 2004.

2. Le **développement constitue l'axe central d'action** de cette collectivité territoriale décentralisée qu'est la région dotée d'une personnalité morale de droit public.

L'article 7 de la loi 2004/19 du 22 juillet 2004 dispose que la « *région peut engager des actions complémentaires de celles de l'État..., proposer aux communes de son ressort toutes mesures tendant à favoriser la coordination des actions de développement et des investissements locaux* ».

L'étude des transferts de compétences permettra d'affirmer la compétence de la région à intervenir en matière de développement économique, de gestion de l'environnement et des ressources naturelles, de l'aménagement du territoire, des travaux publics, de l'urbanisme et de l'habitat, du développement sanitaire et social, de l'éducation, du sport et de la culture, de la formation professionnelle et alphabétisation comprise, des loisirs et de la promotion des langues nationales[1].

3. L'octroi de la personnalité morale de droit public à la région comme à la commune a pour conséquence de l'habiliter à ester en justice :

« *(1) Le maire ou le président du Conseil régional représente la collectivité territoriale en justice.*

(2) Il peut prendre ou faire prendre tous les actes conservatoires ou interruptifs et de déchéances » (article 49 de la loi n° 2004/17 du 22 juillet 2004).

Les recours dirigés contre les collectivités territoriales obéissent aux règles du contentieux administratif ou du contentieux de droit commun suivant le cas.

Le conseil de la région délibère sur les actions à intervenir ou à soutenir au nom de la région à l'effet de défendre les intérêts de celle-ci, c'est-à-dire les intérêts régionaux grâce aux transferts de compétences opérés par l'État.

---

[1] Voir loi n° 2004/19 du 22 juillet 2004 (Titre III).

CHAPITRE III

LES TRANSFERTS DE COMPÉTENCES ET DE MOYENS

La loi d'orientation de la décentralisation a arrêté une définition claire de la décentralisation quant à ses techniques et quant à son objectif (article 2) :

« (1) *La décentralisation consiste en un transfert par l'État, aux collectivités territoriales décentralisées ci-après désignées »* les collectivités territoriales, « *de compétences particulières et de moyens appropriés »*.

(2) La décentralisation constitue l'axe fondamental de promotion du développement, de la démocratie et de la bonne gouvernance au niveau local »[1].

Bref, la décentralisation au Cameroun veut dire développement par le transfert de compétences à la région et aux communes.

L'essentiel des principes qui président au transfert de compétences vise à un développement harmonieux, associatif et coordonné. Ce transfert bénéficie aux régions comme aux communes.

I. LES PRINCIPES DIRECTEURS DU TRANSFERT DE COMPÉTENCES ET DE MOYENS

Les compétences sont transférées en vue d'un développement harmonieux assuré par l'État. Ce transfert peut sous-tendre les principes de coopération et de solidarité.

I.1- DES TRANSFERTS DE COMPÉTENCES POUR UN DÉVELOPPEMENT HARMONIEUX

1. La Constitution de 1972 (modifiée par la loi n° 2004/001 du 14 avril 2008) dispose que « *l'État veille au développement harmonieux de toutes les collectivités territoriales décentralisées sur la base de la solidarité nationale, des potentialités régionales et de l'équilibre interrégional »*. La loi n° 2004/17 du 22 juillet 2004 y a ajouté l'équilibre intercommunal.

---

[1] Loi n° 2004/17 du 22 juillet article 2, alinéas 1 et 2.

2. Au vu de ces données, « *l'État a transféré aux collectivités territoriales dans les conditions fixées par la loi, des compétences dans les matières nécessaires à leur développement économique, social, sanitaire, éducatif, culturel et sportif* ».

Ces compétences sont exercées de manière concurrente par l'État et lesdites collectivités dans les conditions fixées par la loi.

3. Par ailleurs, l'État peut prendre par ses autorités et à l'égard de ces collectivités territoriales, les mesures nécessaires à l'exercice de ses attributions en matière de sécurité, de défense civile ou militaire.

Les respects des sujétions imposées par la défense nationale s'imposent aux collectivités dans l'« exercice de leur compétence propre » (article 17 de la loi n° 2004/17).

La primauté de l'État et de ses prérogatives de défense nationale est donc prédominante.

Le transfert ne vise qu'à impulser un développement régional et dans les municipalités, un développement harmonieux tenant compte des équilibres et des potentialités.

I.2- LES PRINCIPES D'HARMONISATION DES ACTIONS DE L'ÉTAT ET DES COLLECTIVITES

L'action de l'État et celle des collectivités territoires doivent se dérouler en symbiose dans l'harmonie.

1. La loi d'orientation de 2004 précise que le transfert de compétences obéit « *aux principes de subsidiarité*, de *progressivité* et de *complémentarité* » (article 2, 2e alinéa).

La ***subsidiarité*** suppose l'édiction d'un droit régional ou municipal dans l'intérêt du citoyen, du développement des intérêts régionaux et locaux.

La ***progressivité*** suppose le respect des degrés et des hiérarchies territoriales, État, régions et communes.

La ***complémentarité*** suppose la conjonction équitable des actions de l'État, des régions et des communes.

2. Toute une série de dispositions mettent en œuvre ces principes :

- tout transfert de compétences à une collectivité territoriale s'accompagne du transfert par l'État à celle-ci des ressources et moyens nécessaires à l'exercice normal de la compétence transférée ;

- les collectivités territoriales peuvent exécuter *des projets en* **partenariat** entre elles, avec l'État, les établissements publics, les entreprises du secteur public et parapublic, les organisations non gouvernementales, des partenaires de la société civile ou des partenaires extérieurs ;

- les collectivités territoriales peuvent créer divers groupements ou y adhérer dans le cadre de leurs missions ;

- toute personne physique ou morale peut formuler à l'intention de l'exécutif régional ou communal **toutes propositions tendant à impulser le développement** de la collectivité territoriale concernée ou à améliorer son fonctionnement ;

- le représentant de l'État peut, le cas échéant, rendre toutes mesures conservatoires appropriées.

3. Le transfert d'une compétence entraîne de plein droit la mise à la disposition de la collectivité territoriale bénéficiaire de l'ensemble des biens meubles et immeubles utilisés à la date du transfert pour l'exercice de cette compétence. Cette mise à disposition est constatée par un **décret présidentiel de dévolution au vu d'un procès-verbal établi contradictoirement** entre les représentants de l'État et les autorités exécutives des collectivités territoriales.

4. Les collectivités **territoriales recrutent et gèrent librement le personnel** nécessaire à l'accomplissement de leurs missions conformément à la législation et à la réglementation.

Des fonctionnaires et autres agents de l'État peuvent être affectés ou détachés auprès des collectivités territoriales sur demande de celles-ci par le ministre compétent. Dans ce cas, la demande est adressée au ministre concerné sous le couvert du représentant de l'État qui émet son avis.

Ils demeurent régis par le statut général de la Fonction publique ou le Code du travail.

Les fonctionnaires ou agents des services déconcentrés de l'État qui ont apporté directement et personnellement leur concours à une collectivité territoriale pour la réalisation d'une opération, ne peuvent participer, sous quelque forme que ce soit, à l'exercice du contrôle des actes afférents à cette opération.

5. « *L'État a transféré aux régions des compétences dans les matières nécessaires à leur développement économique, social, sanitaire, éducatif, culturel et sportif* » (article 56, alinéa 1).

Le conseil régional et le président du conseil régional agissent dans le cadre des compétences transférées aux régions par l'État.

La loi détermine le partage des compétences entre l'État et les régions dans les matières transférées. Il transfère les ressources des régions. Et la loi détermine le domaine et le patrimoine particulier de la région.

6. Le conseil régional est présidé par « *une personnalité autochtone de la région élue en son sein pour la durée du mandat du Conseil* ».

Le mode d'élection, le nombre, la proportion par catégorie, le régime des inéligibilités, des incompatibilités et des indemnités des conseillers régionaux sont fixés par la loi.

Il est à noter que les parlementaires de la région assistent aux travaux du conseil régional avec voix consultative. En 1957 déjà, ils faisaient partie de l'assemblée provinciale.

II. LES TRANSFERTS DE COMPÉTENCES AUX COLLECTIVITÉS

Il convient de distinguer les régions des communes.

II.1- Les transferts de compétences aux communes et communautés urbaines

II.1.1- Le transfert aux communes

a. Dans le domaine du développement économique

L'action économique est transférée aux communes en ce qui concerne la promotion des activités de production agricole, pastorale, artisanale et piscicole d'intérêt communal, la mise en valeur des sites touristiques communaux, la construction d'équipement, la gestion et l'entretien des marchés, gares routières et abattoirs, l'organisation d'expositions commerciales et l'appui aux microprojets générateurs de revenus et d'emplois.

La commune est aussi chargée de la gestion de l'environnement et des ressources naturelles. Ce qui comporte : l'alimentation en eau potable ; le nettoiement des rues, chemins et espaces publics communaux ; le suivi et le contrôle de gestion des déchets ; les opérations de reboisement et de création de bois communaux ; la lutte contre l'insalubrité, les pollutions, la protection des ressources ; l'élaboration des plans communaux d'action pour l'environnement ; la création, l'entretien et la gestion des espaces verts, parcs et jardins d'intérêt communal et la gestion des ordures au niveau local.

La planification, l'aménagement du territoire, l'urbanisme et l'habitat rentrent également dans le domaine d'intervention de la commune. Dans ce domaine, de multiples opérations sont concernées. Il s'agit de : la création et l'aménagement d'espaces publics urbains, l'élaboration et l'exécution des plans d'investissements communaux, la passation en association avec l'État ou la région de contre plans pour la réalisation d'objectifs de développement, l'élaboration des plans d'occupation des sols, des documents d'urbanisme, d'aménagement concerté, de rénovation urbaine et de remembrement :

- l'organisation et la gestion des transports publics urbains ;

- les opérations d'aménagement ;

- la délivrance des certificats d'urbanisme, des autorisations de lotir, des permis d'implanter, des permis de construire et de démolir ;

- la création et l'entretien des voiries municipales, ainsi que la réalisation de travaux connexes ;

- l'aménagement et la viabilisation des espaces habitables ;

- l'éclairage des voies publiques ;

- l'adressage et la dénomination des rues, places et édifices publics ;

- la création et l'entretien des routes rurales non classées et des bacs ;

- la création de zones d'activités industrielles ;

- la contribution à l'électrification des zones nécessiteuses ;

- l'autorisation d'occupation temporaire et de travaux divers.

b. Dans le domaine du développement sanitaire et social

Les compétences suivantes sont transférées aux communes :

i) En matière de santé et de population :

- l'état civil ;

- la création, l'équipement, la gestion et l'entretien des centres de santé d'intérêt communal, conformément à la carte sanitaire ;

- l'assistance aux formations sanitaires et établissements sociaux ;

- le contrôle sanitaire dans les établissements, de fabrication, de conditionnement, de stockage, ou de distribution de produits alimentaires, ainsi que des installations de traitement des déchets solides et liquides produits par des particuliers ou des entreprises.

ii) En matière d'action sociale :

- la participation à l'entretien et à la gestion en tant que de besoin de centres de promotion et de réinsertion sociales ;

- la création, l'entretien et la gestion des cimetières publics ;

- l'organisation et la gestion des secours au profit des nécessiteux.

c. Dans le domaine du développement éducatif, sportif et culturel

Les compétences suivantes sont transférées aux communes :

i) En matière d'éducation :

- la création, conformément à la carte scolaire, la gestion, l'équipement, l'entretien et la maintenance des écoles maternelles et primaires et des établissements préscolaires de la commune ;

- le recrutement et la prise en charge du personnel d'appoint desdites écoles ;

- la participation à la gestion et à l'administration des lycées et collèges de l'État et de la région par le biais des structures de dialogue et de concertation.

ii) En matière d'alphabétisation :

- l'exécution des plans d'élimination de l'analphabétisme, en relation avec l'administration régionale ;

- la participation à la mise en place et à l'entretien des infrastructures et des équipements éducatifs.

iii) En matière de formation technique et professionnelle :

- l'élaboration d'un plan prévisionnel local de formation et de recyclage ;

- l'élaboration d'un plan communal d'insertion ou de réinsertion professionnelle ;

- la participation à la mise en place, à l'entretien et à l'administration des centres de formation ;

- la promotion et l'animation des activités sportives et de jeunesse ;

- l'appui aux associations sportives ;

- la création et la gestion des stades municipaux, centres et parcours sportifs, piscines, aires de jeux et arènes ;

- le recensement et la participation à l'équipement des associations sportives ;

- la participation à l'organisation des compétitions.

d. Dans le domaine de la culture et de la promotion des langues nationales

La compétente de la commune s'étend à la culture et à la promotion des langues nationales.

i) En matière de culture :

- de l'organisation au niveau local de journées culturelles, de manifestations culturelles traditionnelles et concours littéraires et artistiques ;

- de la création et la gestion au niveau local d'orchestres, ensembles lyriques traditionnels, corps de ballets et troupes de théâtres ;

- de la création et la gestion de centres socioculturels et de bibliothèques de lecture publique ;

- de l'appui aux associations culturelles.

ii) En matière de promotion des langues nationales :

- de la participation aux programmes régionaux de promotion des langues nationales ;

- de la participation à la mise en place et à l'entretien d'infrastructures et d'équipements.

Ces transferts de compétences divers et multiples se passent de commentaires. Ils sont importants et multiples.

Le ministre chargé de la Décentralisation a établi un tableau type de postes d'emplois dans les collectivités territoriales décentralisées[1]. C'est là un gisement important d'emplois.

---

[1] Arrêté n° 136/A/MINTAD/DCTD du 24 août 2009.

II.1.2- Le transfert de compétences aux communautés urbaines

Certaines agglomérations urbaines sont soumises à un régime spécial. Elles comprennent au moins deux (02) communes.

L'article 110 de la loi n° 2004/18 du 22 juillet 2004 énumère de nombreux domaines de compétences transférées aux communautés urbaines : plans d'aménagements et autres.

1. A compter de la date de sa création, la communauté urbaine est compétente pour l'entretien, la gestion des espaces verts, parcs et jardins communautaires.

Elle gère les lacs et rivières d'intérêt communautaire. Elle suit et contrôle la gestion des déchets, le nettoiement des voies et espaces publics communautaires, la collecte, l'enlèvement et le traitement des ordures ménagères, la création, l'aménagement, l'entretien, l'exploitation et la gestion des équipements communautaires en matière d'assainissement, des eaux usées et pluviales.

2. La communauté urbaine gère certaines infrastructures d'intérêt communautaire : cimetières publics, installations sportives d'intérêt communautaire, centres culturels d'intérêt communautaire, marchés, gares routières et abattoirs.

3. La communauté urbaine conduit **certaines politiques urbaines** et d'urbanisation : organisation du transport urbain, organisation des plans de circulation.

4. La communauté urbaine est également impliquée dans **la conduite des opérations de grand développement** économique et social.

À ce titre, elle participe aux opérations d'aménagement communautaire, à la constitution de réserves foncières d'intérêt communautaire, à l'élaboration et l'exécution des plans communautaires d'investissement, à la passation avec l'État ou la région de contrats plans pour la réalisation d'objectifs de développement communautaire, à la planification urbaine, à l'élaboration des plans et schémas directeurs, des plans d'occupation des sols ou des documents d'urbanisme en tenant lieu.

À cet effet, la communauté urbaine donne son avis sur le projet schéma régional d'aménagement du territoire avant son approbation.

La coordination des réseaux urbains de distribution d'énergie, d'eau potable, de télécommunication et de tous les intervenants sur le domaine public voire communautaire, fait partie de ses domaines d'intervention.

Elle élabore des plans communautaires d'action pour l'environnement, notamment en matière de lutte contre les nuisances et les pollutions, et de protection des espaces verts.

Bref, la communauté urbaine coordonne le développement de la mégalopole urbaine concernée et de ses environs.

Les transferts de compétences divers et multiples se passent de commentaires. Ils sont essentiels.

Alors que va-t-on transférer aux régions ?

II.2- Les transferts de compétences aux régions

Le même schéma de transfert de compétences a été appliqué aux régions. Il intéresse également les mêmes domaines.

1. Le transfert des compétences dans le domaine du développement économique est mentionné en premier ressort.

Il intéresse divers domaines.

i) L'action économique avec une série d'objectifs

- la promotion des petites et moyennes entreprises ;
- l'organisation des foires et salons ;
- la promotion de l'artisanat ;
- la promotion des activités agricoles pastorales et piscicoles ;
- l'encouragement à la création de regroupements régionaux pour les opérateurs économiques ;
- l'appui aux microprojets générateurs de revenus et d'emplois ;

ii) La gestion de l'environnement et des ressources naturelles où les transferts concernent

- la gestion, la protection et l'entretien des zones protégées et des sites naturels relevant de la compétence de la région ;
- la mise en défens et autres mesures locales de protection de la nature ;
- la gestion des eaux d'intérêt régional ;

- la création de bois, forêts et zones protégées d'intérêt régional suivant un plan dûment approuvé par le représentant de l'État ;

- la réalisation de pare-feu et la mise à feu précoce, dans le cadre de la lutte contre les feux de brousse ;

- la gestion des parcs naturels régionaux suivant un plan soumis à l'approbation du représentant de l'État ;

- l'élaboration, la mise en œuvre et le suivi des plans ou schémas régionaux d'action pour l'environnement ;

- l'élaboration des plans régionaux spécifiques d'intervention d'urgence et de prévention des risques.

iii) La planification de l'aménagement du territoire, des travaux publics, de l'urbanisme et de l'habitat qui comprend :

- l'élaboration et l'exécution des plans régionaux de développement ;

- la passation, en relation avec l'État, de contrats de plans pour la réalisation d'objectifs de développement ;

- la participation à l'organisation et à la gestion des transports publics interurbains ;

- la coordination des actions de développement ;

- l'élaboration, conformément au plan national, du schéma régional d'aménagement du territoire ;

- la participation à l'élaboration des documents de planification urbaine et de schémas directeurs des collectivités.

iv) La culture et la promotion des langues qui comprend :

❖ **en matière de culture** :

- la promotion et le développement des activités culturelles ;

- la participation à la surveillance et au suivi de l'état de conservation des sites et monuments historiques, ainsi qu'à la découverte des vestiges préhistoriques ou historiques ;

- l'organisation de journées culturelles, de manifestations culturelles traditionnelles et de concours littéraires et artistiques ;

- la création et la gestion d'orchestres, d'ensembles lyriques traditionnels, de corps de ballets et de troupes de théâtres d'intérêt régional ;

- la création et la gestion de centres socioculturels et des bibliothèques de lecture publique d'intérêt régional ;

- la collecte et la traduction des éléments de la tradition oralc, notamment les contes, mythes et légendes, en vue d'en faciliter la vulgarisation.

❖ **Pour la promotion des langues nationales** :

- la maîtrise fonctionnelle des langues nationales et la mise au point de la carte linguistique régionale ;

- la participation à la promotion de l'édition en langues nationales ;

- la promotion de la presse parlée et écrite en langues nationales ;

- la mise en place d'infrastructures et d'équipement.

2. Le développement sanitaire et social intervient en second lieu. Les compétences transférées concernent :

i) La santé et l'action sanitaire c'est-à-dire :

- la création, conformément à la carte sanitaire, l'équipement, la gestion et l'entretien des formations sanitaires de la région ;

- l'appui aux formations sanitaires et établissements sociaux ;

- la mise en œuvre des mesures de prévention et d'hygiène ;

- la participation à l'entretien et à la gestion de centres de promotion et/ou de réinsertion sociale ;

- l'organisation et la gestion de l'assistance au profit des nécessiteux ;

- la participation à l'élaboration de la tranche régionale de la carte sanitaire ;

- la participation à l'organisation et à la gestion de l'approvisionnement en médicaments, réactifs et dispositifs essentiels en conformité avec la politique nationale de santé.

ii) L'éducation, l'alphabétisation et la formation personnelle qui comprend un certain nombre d'actions

❖ **En matière d'éducation** :

- la participation à l'établissement et à la mise en œuvre de la tranche régionale de la carte scolaire nationale ;

- la création, l'équipement, la gestion, l'entretien, la maintenance des lycées et collèges de la région ;

- le recrutement et la prise en charge du personnel d'appoint des lycées et collèges ;

- la répartition, l'allocation de bourses et d'aides scolaires.

❖ **En matière d'alphabétisation** :

- l'élaboration et l'exécution des plans régionaux d'élimination de l'alphabétisme ;

- la synthèse annuelle de l'exécution des plans de campagnes d'alphabétisation ;

- le recrutement des personnels chargés de l'alphabétisation ;

- la formation des formateurs ;

- la conception et la production de matériels didactiques ;

- la réalisation de la carte de l'alphabétisation ;

- la mise en place d'infrastructures et d'équipements éducatifs ;

- le suivi et l'évaluation des plans d'élimination de l'illettrisme.

❖ **En matière de formation professionnelle** :

- le recensement exhaustif des métiers régionaux et l'élaboration d'un répertoire des formations professionnelles existantes avec indication des aptitudes requises et des profils de formation ;

- la participation à l'élaboration de la tranche régionale de la carte scolaire se rapportant à l'enseignement technique et à la formation professionnelle ;

- l'élaboration d'un plan prévisionnel de formation ;

- l'entretien et la maintenance des établissements, centres et instituts de formation de la région ;

- le recrutement et la prise en charge du personnel d'appoint ;

- la participation à l'acquisition de matériels didactiques, notamment les fournitures et matières d'œuvre ;

- la participation à la gestion, et à l'administration des centres de formation de l'État par le biais des structures de dialogue et de concertation ;

- l'élaboration d'un plan régional d'insertion professionnelle des jeunes ;

- l'aide à l'établissement de contrats de partenariat écoles/entreprises.

iii) La jeunesse, les sports et les loisirs qui comportent :

- la délivrance d'autorisation d'ouverture de centres éducatifs, dûment visée par le représentant de l'État ;

- l'assistance aux associations sportives régionales ;

- la réalisation, l'administration et la gestion des infrastructures, sportives et socio-éducatives à statut régional ;

- l'organisation, l'animation et le développement des activités socio-éducatives ;

- la promotion et la gestion des activités physiques et sportives au niveau régional.

La répartition des compétences en faveur des régions prend plus d'envol. Si les matières sont les mêmes que pour les communes, les opérations concernées prennent de l'envergure en globalité et en impact.

Ainsi la région fait la promotion et le développement des activités culturelles, la commune a la charge de l'organisation au niveau local des journées culturelles, des concours et des manifestations culturels traditionnels.

La commune a la charge de l'entretien des centres de santé d'intérêt communal et, la région s'occupe de la carte sanitaire et de l'entretien des formations sanitaires de la région.

Il y a une gradation des prérogatives et des compétences transférées à mesure qu'on monte de la base aux régions. Celles-ci changent de nature qualitative.

Les modalités d'exercice de ces transferts de compétences par l'État ont été déterminées par le chef du gouvernement. Ses règles précises existent donc[1].

L'axe du développement harmonieux inspire ainsi le transfert de compétences de la région comme des communes.

Encore faut-il des transferts adaptés de moyens.

---

[1] Voir décrets n° 2010 PM 240 à 245 du 26 février 2010.

III. LES TRANSFERTS DE MOYENS ET DE RESSOURCES

Les ressources constituent la condition « *sine qua non* » de la réussite de la décentralisation, tant de la régionalisation que de la municipalisation et de la démocratie de proximité. Elles peuvent être financières ou humaines.

III.1- LE TRANSFERT DES RESSOURCES HUMAINES ET LEUR GESTION

1. L'article 19 de la loi n° 2004/17 énonce avec clarté le principe d'un **personnel propre aux collectivités territoriales locales** :

« *Les collectivités territoriales recrutent et gèrent librement le personnel nécessaire à l'accomplissement de leurs missions conformément à la législation et à la réglementation en vigueur* ».

Il est ainsi admis la création d'une fonction publique locale, autonome et propre aux collectivités locales.

La loi prescrit que le « *statut du personnel des collectivités territoriales est fixé par un décret du Président de la République* » (article 19, 2e alinéa).

Ce texte réglementaire est attendu. Il est raisonnable de croire qu'il ne pourra être qu'un type de statut particulier, ou spécial, homothétique aux autres statuts spéciaux ou particuliers, ou tout au plus inspiré des dispositions du statut général en vigueur pour asseoir la fonction publique locale.

La loi n° 2004/18 relative aux communes et la loi n° 2004/19 confirment à satiété cette prérogative de gestion d'un personnel propre.

Ainsi, il est dit que le maire nomme « *aux emplois communaux* » (article 71 de la loi n° 2004/18). Le président du conseil régional, chef de l'exécutif régional, est chargé de l'exécution des délibérations du conseil régional. Celui-ci est doté de plusieurs prérogatives de gestion du personnel par exemple le recrutement et la prise en charge du personnel d'appoint dans les lycées et collèges de la région, le recrutement du personnel chargé de l'alphabétisation, de la formation des formateurs… (article 22 de la loi n° 2004/19).

2. Les collectivités territoriales décentralisées bénéficient également de la mise à leur disposition des fonctionnaires et agents de l'État pour l'accomplissement de leurs missions légales et réglementaires.

La loi d'orientation de 2004 dispose clairement que « *des fonctionnaires et autres agents de l'État peuvent être affectés ou détachés auprès des collectivités territoriales. La demande est adressée au ministre concerné sous le couvert du représentant de l'État qui émet son avis* ».

Il est par ailleurs précisé par le même texte législatif que « *les fonctionnaires et agents ainsi mis à la disposition des collectivités territoriales demeurent régis par le statut général de la Fonction publique de l'État ou le Code du Travail* ».

Les agents publics, toutes catégories confondues peuvent être mis à la disposition desdites collectivités, par détachement en ce qui concerne les fonctionnaires ou simple mise à disposition pour les contractuels et suivant les règles du Code du travail (loi n° 92/007 du 14 août 1992).

Les dispositions de détachement ou de disponibilité restent très commodes dans le cas précité[1].

3. L'article 66 de la loi n° 2004/19 fixant les règles applicables aux régions dispose que « *le Président du Conseil régional, pour la préparation et l'exécution des délibérations du Conseil régional, peut disposer en tant que de besoin, des services déconcentrés de l'État dans le* ***cadre d'une convention*** *signée avec le représentant de l'État, précisant les conditions de prise en charge pour la région de ces services* » (article 66, 1e alinéa).

Les **conventions types relatives** à l'utilisation par la région des services déconcentrés de l'État sont fixées par voie réglementaire.

Les agents de l'État chargés de l'exécution des tâches régionales sont affectés par le président du conseil régional et sont placés pour l'exercice de leurs fonctions sous son autorité.

Ils restent assujettis à leurs statuts particuliers d'origine et au statut général de la fonction publique.

Le président du conseil régional peut, sous son contrôle et sa responsabilité, donner délégation de signature aux chefs desdits services.

4. Il est à noter que le secrétaire général de la région est nommé par le président de la République sur proposition du ministre chargé des Collectivités territoriales. Il met fin à leurs fonctions.

---

[1] Voir TEKAM (J.), *Fonction publique camerounaise. Statut général et textes d'application. Recueil des textes commentés*, particulièrement, p.46-52 ; 52-57.

Le secrétaire général de la région anime les services de l'administration régionale qui assiste aux réunions du bureau du conseil régional. Il en assure le secrétariat.

Le ministre chargé des Collectivités territoriales nomme et met fin aux fonctions du secrétaire général de mairie. Celui-ci est le principal animateur des services de l'administration municipale. Il bénéficie d'une délégation de signature à cet effet. Il assiste aux réunions de l'exécutif communal.

Le transfert effectif des services et des ressources est progressif. Des cahiers des charges types et les règlements types concernant les services locaux sont rendus exécutoires par voie réglementaire. Ils font l'objet comme cela a été souligné, de conventions types qui peuvent déterminer les modalités d'utilisation des ressources humaines transférées ou mises à disposition.

Ces transferts ne concernent pas uniquement les ressources humaines.

III.2- LE TRANSFERT DES RESSOURCES FINANCIERES

Les ressources financières proviennent de diverses sources : ressources prévues par la loi, dotations budgétaires diverses, accès au crédit local ou au partenariat privé public ou au partenariat international.

III.2.1- Les ressources prévues par la loi et les règlements

La loi n° 74/23 du 5 décembre 1974, aujourd'hui abrogée, disposait en ses articles 92 et 93 :

« *Les recettes de la commune comprennent le produit des recettes fiscales, le produit de l'exploitation du domaine et des services communaux, les ristournes, redevances et amendes de police accordées par l'État, les recettes diverses et accidentelles* ».

Et l'article 93 ajoutait : « *Les recettes fiscales comprennent : le produit de l'impôt forfaitaire, le produit des contributions des patentes et licences, le produit des centimes additionnels, le produit des taxes communales directes* ».

Le système des finances locales reformé sur les suggestions d'un comité conjoint de suivi des impôts locaux (1996) MINATD/MINFI a renforcé les grandes lignes de ces dispositifs.

a. Les impôts

Les impôts constituent une première source de revenus pour les collectivités territoriales.

La loi n° 74/23 du 5 décembre 1974 réservait la totalité du produit de l'impôt forfaitaire, des contributions des patentes et licences et de la taxe sur le bétail à être versée aux communes. Le taux et l'assiette de ces impôts, contributions et taxes étaient déterminés par le **Code général des impôts**.

Le Code général des impôts[1] instaure plusieurs impôts : impôts sur les sociétés, impôts sur les revenus des personnes physiques, taxes sur la valeur ajoutée et droits d'accises, contributions des patentes, contributions des licences…

La fiscalité locale compte sur le produit des recettes fiscales, le produit et l'exploitation du domaine et des services communaux, les ristournes, redevances et amendes de police (article 154), les recettes diverses et accidentelles.

L'article 192 du Code général des impôts institue au profit des communes, des **centimes additionnels** aux impôts ainsi créés.

Et l'article 193 du même code général dit que le taux des centimes additionnels est fixé à 10% en ce qui concerne l'impôt sur les sociétés, l'impôt sur les revenus des personnes physiques, la taxe sur la valeur ajoutée, la taxe sur les jeux de hasard et de divertissement.

Enfin, l'article 196 du Code général prescrit que le Trésor retient 10% sur les recettes perçues pour le compte des collectivités territoriales décentralisées.

La loi n° 2004/17 du 22 juillet 2004 compte la fiscalité au nombre des ressources des collectivités locales. L'article 85 de la loi n° 2004/19 confirme cette disposition en ce qui concerne les régions. « *Le budget, les autorisations spéciales de recettes et de dépenses sont votés par le Conseil régional* ». Les ressources sont dévolues par transfert de fiscalité.

b. Le régime financier

La loi n° 2009/011 du 10 juillet 2009 est venue déterminer le régime financier des collectivités locales, plus particulièrement les conditions

[1] Code général des impôts (2009). Ministère des Finances, direction générale des impôts.

d'élaboration, de présentation, d'exécution et de contrôle de l'exécution desdits budgets.

Ils doivent présenter l'ensemble des programmes concourant au développement économique social sanitaire éducatif, culturel et sportif de ces collectivités.

Ces budgets sont présentés en recettes et en dépenses. Recettes de fonctionnement et d'investissement, investissements ayant un impact sur le patrimoine de la collectivité territoriale (emprunts, dotations, dons et legs).

Les emprunts extérieurs sont autorisés par délibération de l'organe délibérant de la collectivité (article 22 de la loi).

Certaines dépenses sont interdites et prohibées, notamment les prêts consentis par une collectivité territoriale à une personne privée, les subventions aux associations non déclarées et autres structures non agréées, les subventions aux associations et aux congrégations religieuses et les subventions aux partis politiques.

Le budget couvre une année civile. Il est voté au début de l'exercice budgétaire et en équilibre des recettes et des dépenses.

Au cours du même exercice, le montant cumulé des crédits ayant fait l'objet de virements ne doit pas dépasser 5% des crédits votés

« *Sont obligatoirement annexées au projet de budget les pièces suivantes :*

- état du personnel ;

- état des véhicules et engins ;

- état des immeubles en propriété ou en location ;

- projet de délibération portant vote du budget ;

- les délibérations à caractère financier ;

- les résultats du dernier compte administratif approuvé ;

- la situation des recettes et des dépenses de l'exercice en cours ;

- la liste des projets » (article 13 de la loi n°2009/011 du 11 juillet 2009).

Des budgets annexés sont établis pour les services publics régionaux ou communaux dotés de l'autonomie financière.

Le contrôle juridictionnel des comptes des collectivités territoriales décentralisées est exercé par la juridiction des comptes.

Des audits indépendants peuvent être effectués à la demande de l'autorité de tutelle de l'organe délibérant ou de l'exécutif.

Un comité national des finances locales est créé en vue de la mobilisation optimale des recettes au bénéfice des collectivités territoriales décentralisées. Il doit aussi promouvoir la bonne gestion des finances locales (article 109 de la loi n° 2009/011 du 10 juillet 2009).

c. Les taxes et les centimes additionnels

Les taxes et les centimes additionnels constituent des ressources importantes pour les collectivités territoriales et surtout pour les communes.

Le décret n° 80/017 du 15 janvier 1980 fixe les taux maxima des taxes communales directes. Ces taxes peuvent être instituées par les communes en vue d'assurer l'exploitation d'un service technique ou d'un établissement public. Ce sont la taxe d'eau, la taxe d'éclairage public, la taxe d'enlèvement des ordures ménagères et la taxe de fonctionnement des ambulances. Ces taxes sont généralement forfaitaires et exigibles annuellement[1].

Les communes peuvent également bénéficier de certaines **taxes communales indirectes**, instituées par une délibération du conseil municipal et approuvées par la tutelle. Ces taxes peuvent comprendre :

- la taxe d'abattage par le boucher pour le bétail tué dans les abattoirs aménagés ou gérés par une commune (1000 Fcfa par tête de bétail).

- les droits de fourrière pratiqués pour la capture des animaux en divagation, les véhicules et les objets trouvés sans gardien ou placés en infraction à la réglementation de la voirie (10 000 Fcfa pour camions et engins lourds) ;

- la location des boutiques dans les marchés, assortie d'un contrat de location obligatoire ;

- les droits de place sur les marchés (250 Fcfa par jour pour tout produit) ;

[1] Voir article 204 du Code général des impôts (2009).

- les droits sur les permis de bâtir susceptibles d'être votés par les conseils municipaux au profit des budgets communaux (1% de la valeur de la construction) ;

- le droit d'occupation temporaire de la voie publique ;

- la taxe d'occupation des parcs de stationnement ;

- la taxe sur les divertissements qui se produisent dans un but lucratif et dans les salles de cinéma, de théâtre, de concert, de bal, de vidéo clubs, les discothèques, les bars, les dancings, les cabarets, les boîtes de nuit et les salles de jeu ;

- la taxe sur la publicité ;

- les droits de timbre (200 Fcfa) pour les copies d'extrait d'état civil, certificat de légalisation de signature et de jugement supplétif et de procuration ;

- la taxe pour la dégradation de la chaussée, des routes enrobées, ou des routes en terre, dire par le concessionnaire réalisant les travaux sur la voie publique et recouvrée par le receveur ;

- la taxe de transhumance et de transit des convois de bétail[1].

d. Les ristournes

Les ristournes de l'État constituent une autre source de revenus.

La loi n° 77/2 du 13 juillet 1977 disposait : « *Les communes reçoivent de l'État :*

- une subvention prélevée sur les caisses de stabilisation des prix des produits d'exportation ;

- une ristourne sur la vente des terrains domaniaux ;

- une redevance territoriale sur l'exploitation forestière »

L'article 7 du décret n° 97/283/PM du 30 juillet 1977 fixant les modalités d'application de certaines dispositions de la loi des finances de l'exercice 1997/98 décidait que le « *produit de la redevance forestière est reparti ainsi qu'il suit :*

- 50% pour le budget de l'État ;

---

[1] Voir décret n° 2002/2175/PM du 20 décembre 2002 fixant les taux minima et les modalités de recouvrement de certaines taxes communales indirectes.

- *40% pour le budget des communes bénéficiaires ;*

- *10% pour les communautés villageoises riveraines* ».

Il est à noter que la redevance forestière est assise sur la superficie du titre d'exploitation forestière. Les taux planchers de la redevance forestière s'appliquent aux titres d'exploitation attribués de gré à gré. La redevance est acquittée en trois versements égaux (30 septembre, 31 décembre, 31 mars)[1].

III.2.2- La dotation générale de la décentralisation

L'article 23 de la loi n° 2004/17 du 22 juillet 2004 institue une dotation générale de la décentralisation destinée au financement partiel de la décentralisation.

La loi des finances fixe chaque année sur proposition du gouvernement, la fraction des recettes de l'État affectée à la dotation générale de la décentralisation.

a. La dotation, une disposition française

L'inspiration de cette disposition légale est manifestement française. Plusieurs lois françaises ont créé des dotations au profit des collectivités locales décentralisées :

- la **dotation générale de décentralisation** par laquelle l'État verse en plus des impôts transférés aux collectivités locales, un ensemble de ressources financières destinées à financer les nouvelles compétences décentralisées (Code général des collectivités territoriales, article 1/1614.4) ;

- la **dotation globale d'équipement** créée par la loi de décentralisation n° 82-213 du 2 mars 1982 et par laquelle l'État verse aux collectivités territoriales des ressources pour aider à financer leur section d'investissement (Code général des collectivités, articles L.2334-32, L.3334-10) ;

- une dotation globale de fonctionnement (DGF) versée aux collectivités territoriales. Forfaitaire, elle est destinée à compenser d'anciennes recettes supprimées et une dotation d'aménagement, et placée sous le contrôle du comité des finances locales. Elle est la plus importante dotation de l'État (18,5 milliards d'euros) ;

---

[1] Voir Code général des Impôts, article 243.

- une **dotation de solidarité rurale** affectée depuis la loi n° 93/1436 du 31 décembre 1993 au financement de l'aménagement des communes rurales (Code général des collectivités territoriales, article 2334-20).

- une **dotation de solidarité urbaine** affectée depuis la loi n° 91-429 du 13 mai 1991 aux communes urbaines ayant comme critères d'éligibilité le faible potentiel fiscal, le grand nombre de logements sociaux et de bénéficiaires de l'aide au logement et le nombre d'habitants ayant de faibles revenus (cités-dortoirs).

b. Les règles de fonctionnement de la dotation

Ladite loi n° 2004/17 précise d'autres règles de fonctionnement de ladite dotation.

Le juge des comptes juge l'ensemble des comptes des comptables publics des collectivités territoriales ainsi que les comptes des personnes qu'il a déclarées comptables de fait.

Les charges correspondant à l'exercice des compétences transférées font l'objet d'une évaluation préalable au transfert desdites compétences.

L'État compense toute charge nouvelle incombant aux collectivités territoriales en raison de la modification par l'État, par voie réglementaire. Et des règles spécifiques sont établies à cet effet.

Il peut intervenir par octroi de dotations spéciales aux collectivités territoriales concernées.

Les charges financières résultant, pour chaque région ou commune, des transferts de compétences font l'objet d'une attribution par l'État de ressources équivalentes aux dites charges.

Les ressources attribuées sont au moins équivalentes aux dépenses effectuées par l'État pendant l'exercice budgétaire précédent immédiatement la date du transfert de compétences.

Les autorités déconcentrées de l'État dont les moyens matériels et humains placés sous l'autorité du représentant de l'État sont mis en tant que de besoin à la disposition des collectivités territoriales pour exercer de nouvelles compétences.

Le montant des dépenses résultant des accroissements et diminutions de charges est constaté pour les collectivités territoriales et pour l'État par arrêté conjoint des ministres chargés des Collectivités territoriales et des Finances[1].

c. Les modalités d'évaluation et de répartition de la dotation

Un décret n° 2009/248 du 5 août 2009 est intervenu pour déterminer les modalités d'évaluation et de répartition de la dotation générale de la décentralisation.

La loi des finances fixe chaque année sur proposition du gouvernement la fraction des recettes de l'État affectée à la dotation générale de la décentralisation.

La proposition est soumise pour avis au Conseil national de la décentralisation par le Comité interministériel des services locaux.

c.1- L'éligibilité

Les régions, les communes, les syndicats de communes et les communautés urbaines sont **éligibles à la dotation**. Un décret du Premier ministre fixe chaque année les critères de répartition de la dotation générale de la décentralisation après avis du Conseil national de la décentralisation.

Une quote-part du montant de la dotation générale de la décentralisation est affectée **au renforcement des moyens d'actions des services déconcentrés** de l'État qui apportent leur concours ou leur appui aux collectivités territoriales décentralisées dans l'accomplissement de leurs missions.

c.2- L'évaluation

L'évaluation annuelle de la dotation générale de la décentralisation se fait par le Comité interministériel des services locaux.

Les propositions de financement desdites charges sont soumises au Conseil national de la décentralisation.

Le ministre chargé des Collectivités territoriales décentralisées établit l'estimation des besoins de chaque composante de la dotation générale de la décentralisation et pour chaque bénéficiaire.

Cette estimation est faite sur la base des rapports des commissions de planification locales et régionales, des données socio-économiques et

---

[1] Voir les articles 25, 26, 27 et 28 de la loi n°2004/17.

budgétaires décentralisées ainsi que des objectifs et impératifs du cadrage budgétaire de l'État.

Sur proposition du Gouvernement et à la diligence des ministres chargés des Finances et de la Planification, une fraction des recettes de l'État est affectée à la dotation générale de la décentralisation.

c.3- La répartition

La dotation générale de la décentralisation est repartie en deux principales composantes :

- la dotation générale de fonctionnement ;
- la dotation générale de l'investissement.

i) La Dotation générale de fonctionnement est destinée en priorité à certaines dépenses obligatoires des collectivités territoriales décentralisées et de leurs établissements notamment les traitements des personnels et des élus.

Elle sert aussi au financement partiel des charges de fonctionnement résultant de l'exercice des compétences transférées par l'État.

Elle finance en outre le fonctionnement des services déconcentrés de l'État, celui du Conseil national de la décentralisation, du Comité interministériel des services locaux ainsi que tout autre organe de suivi, de coordination ou d'évaluation de la mise en œuvre de la décentralisation.

Une part de la dotation générale de fonctionnement est également destinée au financement des dépenses de fonctionnement spéciales ou d'urgence en faveur de certaines collectivités territoriales décentralisées.

La dotation générale de fonctionnement intervient en cas d'insuffisance des ressources financières de nature à compromettre la réalisation ou l'exécution de leurs missions de service public, quand le niveau d'endettement ne permet pas un exercice normal de leurs compétences, quand les dépenses exceptionnelles d'urgence sont nécessaires à la suite d'un sinistre ou d'une catastrophe ou dans le cas où l'enclavement ou la situation frontalière requiert une aide spéciale.

ii) La dotation générale d'investissement est destinée en priorité aux dépenses d'investissement des collectivités territoriales et de leurs établissements. Ces dépenses concernent les dépenses d'équipement, de fourniture de services de base aux populations, de développement, d'aménagement et de lutte contre la pauvreté. Elle peut aussi servir au financement partiel des dépenses d'investissement résultant de l'exercice des compétences transférées par l'État.

Elle peut s'étendre aussi à d'autres dépenses : conduite des travaux préparatoires aux transferts de compétences et de ressources, études et autres réformes d'accompagnement du processus de décentralisation.

Elle peut aussi contribuer aux besoins d'investissement des services déconcentrés de l'État et aux travaux d'équipements d'urgence ou de dépenses spéciales[1].

Le Premier ministre, par décret, établit annuellement le **tableau de répartition d'investissement**.

c.4- Les règles de mise à disposition

Les règles de mise à disposition des ressources sont également préalablement fixées et connues.

Les **quotes-parts** correspondantes de la dotation générale de la décentralisation sont trimestriellement mises à la disposition des communes, des syndicats de communes et communautés urbaines bénéficiaires par l'intermédiaire du Fonds spécial d'équipement et d'intervention intercommunale (FEICOM).

Les versements sont effectués sur les comptes bancaires des collectivités territoriales décentralisées bénéficiaires, ouverts auprès des établissements bancaires agréés.

Un arrêté conjoint des ministres chargés des Finances, des Investissements et du ministre chargé des Collectivités territoriales porte déblocage des fonds de la dotation générale de la décentralisation. Il précise le montant affecté à chaque collectivité territoriale décentralisée bénéficiaire ainsi que les emplois auxquels les ressources correspondantes sont destinées.

Les ressources provenant de la dotation générale de la décentralisation sont inscrites au budget des collectivités territoriales décentralisées dans les sections « *Fonctionnement* » et « *Investissement* ».

Leur gestion obéit aux principes budgétaires et comptables en vigueur.

---

[1] Voir décret n°2009/248 du 5 août 2009 fixant les modalités, articles 13 et 14.

d. Les quotes-parts

Les quotes-parts correspondantes de la dotation générale de la décentralisation sont affectées : aux services du Premier ministre pour les ressources destinées au fonctionnement du Conseil national de la décentralisation et, au ministère chargé des Collectivités territoriales pour les ressources destinées au fonctionnement du Comité interministériel des services locaux.

Elles peuvent financer les études ou les réformes d'accompagnement du processus de décentralisation.

Celles destinées aux services déconcentrés de l'État sont affectées aux représentants de l'État chargés d'assurer la tutelle sur les collectivités territoriales décentralisées.

Un arrêté conjoint du ministre chargé des finances et du ministre chargé de la Décentralisation porte déblocage des fonds. Il précise le montant alloué à chaque représentant de l'État concerné ainsi que les emplois auxquels ils sont destinés.

Aux ressources de l'État, viennent s'ajouter les ressources éventuelles obtenues des partenaires du développement.

III.2.3- Les recours aux partenariats de développement et à la coopération

Les textes permettent le recours aux partenariats et à la coopération pour les régions comme pour les communes[1].

1. La coopération décentralisée peut s'instaurer entre collectivités décentralisées nationales et avec des collectivités étrangères.

Les régions comme les communes peuvent décider de mettre en commun leurs divers moyens en vue de réaliser des objectifs communs.

Elle peut s'opérer entre des régions camerounaises ou entre celles-ci et des régions étrangères, ou entre des communes camerounaises entre elles, ou entre celles-ci et les communes étrangères.

Cette coopération décentralisée résulte d'une convention entre les entités concernées.

---

[1] Voir respectivement Titre VI de la loi n° 2004/18 et le Titre V de la loi n°2004/19.

2. Les communes ou les régions peuvent adhérer à des organisations internationales de villes jumelées ou à d'autres organisations internationales de villes.

La convention y relative, préalablement autorisée par délibération du conseil municipal, est soumise par le représentant de l'État à l'approbation préalable du ministre chargé des Collectivités territoriales pour les régions, elle est soumise de même au conseil régional.

3. « *Les collectivités territoriales peuvent en tant que de besoin, s'associer sous forme contractuelle pour la réalisation d'objectifs ou de projets d'utilité publique avec l'État ou avec une ou plusieurs personnes morales de droit public créées sous l'autorité ou moyennant la participation de l'État* » ou avec plusieurs organisations de la société civile (article 18 de la loi d° 2004/17 du 22 juillet 2004).

Le partenariat collectivités territoriales/État est donc encouragé.

4. Une autre forme de coopération réside dans le recours **au partenariat mixte, public privé** (PPP).

Suzanne Ngane[1] le définit comme un mode de financement par lequel une autorité publique fait appel à des prestataires privés pour financer et gérer un équipement assurant ou contribuant au service public. Ces types de financements PFI (Private Finance Initiative) sont apparus en Grande-Bretagne depuis 1992.

III.2.4- Les autres ressources : dons, legs, ventes

D'autres ressources peuvent être destinées aux collectivités locales : dons et legs, produits divers.

1. L'article 45 de la loi n°2004/17 déclare que « *les collectivités territoriales ou les regroupements de collectivités territoriales acceptent librement les dons ou legs qui leur sont faits sans charge ou condition, ni affectation immobilière* ».

Les délibérations du conseil de la collectivité ayant pour objet l'acceptation des dons et legs, lorsqu'il y a des charges ou conditions, ne sont exécutoires qu'après avis conforme du ministre chargé des Collectivités territoriales.

---

[1] NGANE, *La décentralisation au Cameroun. Un enjeu de gouvernance, op.cit.*

L'exécutif communal ou régional peut à titre conservatoire accepter les dons ou legs et former avant l'autorisation toute demande en délivrance.

L'arrêté du ministre chargé des Collectivités territoriales ou la délibération du conseil concerné interviennent ultérieurement. Ils ont effet à compter du jour de cette acceptation.

L'acceptation doit être faite sans retard et autant que possible dans l'acte même qui constitue la donation. Dans le cas contraire, elle a lieu par un acte séparé également authentique et doit être notifiée au donateur.

Un arrêté du ministre chargé des Collectivités territoriales peut autoriser la collectivité territoriale concernée à affecter ce produit à un autre objet conforme aux intentions du donateur ou du testateur.

Les membres de l'exécutif de la collectivité territoriale ne peuvent se porter acquéreurs de la libéralité.

L'autorisation d'accepter les dons et les legs est donnée par arrêté.

2. « *Les collectivités territoriales peuvent être propriétaires de rentes sur l'État, notamment par l'achat de titres, l'emploi de capitaux provenant de remboursements faits par des particuliers, d'aliénation, des soutes d'échanges, de dons et des legs* » (article 40 de la loi n° 2004/17).

Les capitaux disponibles détenus par le receveur de la collectivité territoriale peuvent servir à l'achat des rentes ou d'actions. Dans ce cas, il en assure l'inscription et la conservation des titres. Les inscriptions de rentes possédées par les collectivités territoriales sont considérées comme immeubles.

3. Les collectivités territoriales peuvent percevoir le produit des ventes des biens appartenant aux collectivités territoriales. La vente de ces biens obéit aux mêmes règles que celle des biens appartenant à l'État. Le produit est perçu par le receveur de la collectivité territoriale.

4. « *L'État peut céder aux communes tout ou partie de biens meubles ou immeubles relevant de son domaine privé ou passer avec lesdites communes des conventions portant sur l'utilisation de ces biens* » dit l'article 9 de la loi n° 2004/18 du 22 juillet 2004 fixant les règles applicables aux communes. Il en est de même pour les régions auxquelles l'État peut céder tout ou partie de ses biens meubles ou immeubles relevant du domaine privé. Cette cession peut être opérée à la demande des régions ou à l'initiative de l'État pour leur permettre d'exécuter leurs missions et d'abriter des services ou de réaliser des équipements collectifs (article de la loi n° 2004/19).

Et l'État peut faciliter aux régions l'accès à la pleine propriété de tout ou partie des biens meubles et immeubles relevant de son domaine privé. Il peut affecter simplement le droit d'usage à ces régions de certains de ses biens meubles et immeubles.

5. L'accès au domaine public de l'État est ouvert aux collectivités territoriales par celui-ci.

Il en est ainsi pour les régions, les communes et les syndicats de communes.

Ainsi dans les zones du domaine public maritime et du domaine public fluvial dotées de plans spéciaux d'aménagement approuvés par l'État, des compétences de gestion sont déléguées par l'État aux régions concernées pour les périmètres qui leur sont dévolus dans lesdits plans. Les actes de gestion du président du conseil régional sont soumis à l'approbation du représentant de l'État et communiqués après cette formalité au conseil régional.

Le domaine public artificiel est géré exclusivement par l'État. Toutefois, l'État peut transférer aux régions suivant les modalités de classement fixées par décret, la gestion des monuments historiques.

La commune peut également intervenir dans la gestion et l'utilisation du domaine public maritime et fluvial.

Elle doit requérir l'autorisation du conseil régional par délibération pour des projets d'intérêt local initiés sur le domaine public maritime ou fluvial.

Ladite délibération est soumise à l'approbation du représentant de l'État.

L'État peut également déléguer des compétences de gestion aux communes dans les zones du domaine public maritime et du domaine fluvial dotées de plans spéciaux d'aménagement.

Des redevances afférentes sont versées aux communes intéressées.

Les actes de gestion que prend le maire sont soumis à l'approbation du représentant de l'État et communiqués au conseil municipal.

6. « *Les terrains du domaine national peuvent en tant que de besoin, être immatriculés au nom de la commune pour servir d'assiette à des projets d'équipements collectifs* », dit l'article 14 de la loi n° 2004/18.

La région est tenue en cas de projets ou opérations initiés dans le domaine national de respecter la réglementation domaniale en vigueur. L'État en pareil cas est tenu de consulter le conseil régional sauf impératif de défense nationale ou d'ordre public.

7. Les collectivités territoriales, régions ou communes peuvent gérer une *régie* (article 54 de la loi n° 2004/17), soit sous la direction d'une collectivité territoriale vis-à-vis des autres collectivités comme mandataire, soit sous la direction d'un regroupement formé par les collectivités territoriales. La loi détermine les services susceptibles d'être assurés en régies par les collectivités territoriales. Ceux-ci sont soumis au contrôle technique de l'État.

Les règlements intérieurs types de ces services sont approuvés par voie réglementaire.

Les contrats portant concession des services publics locaux à caractère industriel et commercial sont approuvés par le ministre chargé des Collectivités territoriales. Les modalités de cette intervention font l'objet d'un décret d'application de cette loi.

Ils ne peuvent prévoir de clause portant affermage d'une recette publique à l'exception des recettes issues de l'exploitation et l'ouvrage qui fait l'objet du contrat.

Les entreprises exploitant des services publics en régie sont soumises en ce qui concerne les travaux de premier établissement à toutes mesures de contrôle et à la production de toutes les justifications pour le compte de l'autorité concédante.

Les regroupements de collectivités territoriales peuvent par voie de concession, exploiter des services présentant un intérêt pour chacune des collectivités territoriales concernées.

En cas de déficit du concessionnaire dû à des circonstances économiques ou techniques indépendantes de sa volonté et revêtant un caractère durable qui ne permet plus au service de fonctionner normalement, toute collectivité territoriale peut **procéder à la révision ou à la résiliation du contrat** de concession ou d'affermage.

8. Les collectivités territoriales peuvent accéder au crédit local ou national, ou au crédit institutionnalisé pour les collectivités territoriales.

Les collectivités territoriales, régions ou municipalités, jouissent d'une personnalité juridique et de l'autonomie financière.

i) Elles peuvent lancer des emprunts en vue du développement social, culturel et économique : la communauté urbaine de Douala a ainsi lancé un emprunt public et accédé à l'épargne nationale ou même internationale.

Rien ne s'oppose à ce que les communes et les régions puissent faire autant, quitte à respecter leurs propres règles de compétences et de gouvernance : délibération et autorisation du conseil municipal ou de région, intervention de l'exécutif dans l'opération et surtout présentation des critères de solvabilité liés à la productivité du projet présenté.

Elles peuvent dans les mêmes conditions solliciter le crédit local.

ii) Elles peuvent recourir au crédit dispensé par une institution officielle de financement le FEICOM surtout en ce qui concerne les communes.

Le **FEICOM** (Fonds spécial d'équipement et d'intervention intercommunale) a été créé par le décret n° 77/85 du 22 mars 1977.

À l'origine, il était destiné :

- à l'entraide entre les communes notamment par avances de trésorerie dans la limite des crédits prévus à cet effet ;

- au financement des travaux d'investissements communaux ou intercommunaux ;

- à la couverture des frais d'assiette et des charges de recouvrement des recettes fiscales dont les communes perçoivent la totalité ;

- à la couverture des frais relatifs à la formation du personnel communal et du personnel d'état civil.

Le Fonds spécial d'équipement et d'intervention intercommunale est géré par un comité de gestion et une direction administrative.

Il est alimenté par diverses sources de revenus : cotisations des communes (10% de l'impôt forfaitaire), subventions de l'État, ristournes des caisses de stabilisation, totalité de la taxe douanière municipale, centimes additionnels et diverses autres taxes.

Suzanne Ngane[1] note que le FEICOM peut financer des projets à hauteur de 10 milliards par an et redistribuer une masse importante de centimes additionnels.

L'arrêté n° 109 du 27 mai 1978 prévoyait l'octroi des crédits d'investissements accordés en espèces, consacrés au financement d'études, d'acquisitions immobilières, de travaux de construction ou d'aménagement, de grosses réparations ou d'équipements en matériels.

Les avances de trésorerie sont des crédits remboursables à court terme et sans intérêt que le Fonds peut allouer aux collectivités locales en vue d'alimenter leur trésorerie immédiate.

Les moyens dégagés sont gérés par des organes démocratiquement élus suivant les règles de la bonne gouvernance.

---

[1] NGANE, *La décentralisation au Cameroun, op.cit.,* p.125.

CHAPITRE IV

LA GOUVERNANCE RÉGIONALE ET MUNICIPALE : LES ORGANES DIRIGEANTS ET LES SERVICES PUBLICS LOCAUX

La Constitution et la loi posent les principes directeurs. Les lois (n° 2004/17, n° 2004/18, 2004/19) en précisent le contenu pour chaque collectivité territoriale.

I. LES PRINCIPES DE GOUVERNANCE RÉGIONALE ET MUNICIPALE

La Constitution de 1972 (modifiée par la loi n° 2008/001 et la loi n° 2004/17 d'orientation de la décentralisation) pose le principe de la gouvernance démocratique et la possible intervention du président de la République dans les activités des régions.

I.1- Le principe de la gouvernance démocratique

1. L'article 55 (2e alinéa) de la Constitution dispose que les collectivités territoriales décentralisées s'administrent librement par des conseils élus et dans les conditions fixées par la loi. L'insistance sur le caractère élu des conseils et la libre administration sont à noter. Elles fondent une gouvernance démocratique.

2. Ces dispositions sont confirmées par la loi n°2004/17 du 22 juillet 2004 (article 4) :

« *(1) Les collectivités s'administrent librement par des* ***conseils élus*** *dans les conditions fixées par la loi.*

(2) Elles disposent ***d'exécutifs élus*** *au sein des conseils sous réserve de dérogation fixée par la loi.*

(3) La ***région*** *et la* ***commune*** *règlent par* ***délibérations****, les affaires de leur compétence* ».

La « **libre administration** » et la « **pratique d'élection** » des organes dirigeants sont retenues comme les bases de la bonne gouvernance municipale et régionale, ainsi que la délibération comme mode de décision.

I.2- Les organes directeurs institués

La Constitution règle le problème pour les régions, et la loi pour toutes les autres collectivités territoriales.

1. L'article 57 de la Constitution de 1972 (modifiée par la loi n° 2008/001) déclare : « *Les organes de la région sont : le Conseil régional et le Président du Conseil régional.*

Le Conseil régional et le président du conseil régional agissent dans le cadre des compétences transférées aux régions par l'État ».

Le même article de la Constitution précise le statut du conseil régional et du président.

Le conseil régional est l'organe délibérant de la région. Les conseillers régionaux dont le mandat est de cinq (05) ans sont des délégués des départements élus au suffrage universel direct, les représentants du commandement traditionnel élus par leurs pairs.

Le **conseil régional doit refléter les différentes composantes** de la région.

Le conseil régional élit « *une personnalité autochtone de la région en son sein* » pour la durée du mandat du conseil.

Le président du conseil régional est l'exécutif de la région. À ce titre, il est l'interlocuteur du représentant de l'État. Il est assisté par un bureau régional élu en même temps que lui au sein du conseil. Le bureau régional doit refléter la composition sociologique de la région.

Les parlementaires de la région assistent avec voix consultative aux travaux du conseil régional.

2. L'article 29 de la loi n° 2004/17 du 22 juillet 2004 dispose :

« *(1) Les collectivités territoriales disposent d'un organe délibérant élu,*

(2) L'organe délibérant visé à l'alinéa élit en son sein un exécutif,

(3) Le régime de l'élection des membres de l'organe délibérant et des autorités de l'exécutif est fixé par la loi ».

II. LES LIMITES DE LA GOUVERNANCE RÉGIONALE ET MUNICIPALE

Les actions de décentralisation visent au développement social, économique et culturel.

La bonne gouvernance régionale et municipale est limitée à cet objectif.

1. L'article 55 de la Constitution de 1972 (modifiée par la loi n° 2008/001 du 14 avril 2008) dispose que « *les conseils des collectivités territoriales décentralisées ont pour mission de promouvoir le développement économique, social, sanitaire, éducatif, culturel et sportif de ces collectivités* ».

2. La Constitution et les lois répriment les activités hors compétences des régions[1]. Le président de la République peut prendre un certain nombre de mesures, allant **de la suspension à la dissolution du conseil régional, la suspension ou la révocation du président du conseil régional.**

Le conseil régional peut être suspendu par le président de la République lorsque ledit organe accomplit des actes contraires à la Constitution, porte atteinte à la sécurité de l'État ou à l'ordre public, ou met en péril l'intégrité du territoire.

Il prend l'avis du conseil constitutionnel. Et l'État se substitue de plein droit audit conseil régional.

Le Conseil régional peut être dissout par le Président dans les cas précités.

Les deux lois n°s 2004/18 et 2004/19 sont venues préciser les modalités d'intervention du président de la République :

i) Ces prérogatives jouent pour les conseils régionaux et les conseils municipaux.

Une délégation spéciale est constituée à l'effet d'expédier les affaires courantes en cas de dissolution du conseil régional par le Président.

Le ministre de l'Administration territoriale et de la Décentralisation peut suspendre un conseil municipal dans certains cas : impossibilité durable de fonctionner, accomplissement d'actes contraires à la Constitution, atteinte à la sécurité de l'État ou à l'ordre public, mise en péril de l'intégrité du territoire national…

Le président de la République peut par décret dissoudre un conseil municipal dans le cas ci-dessus précité et surtout en cas de persistance ou

---

[1] Voir article 57 de la Constitution de 1972, section IV (articles 46, 47 de la loi n°2004/18, articles 49, 50, 51 de la loi n° 2004/19).

d'impossibilité de rétablir la situation qui prévalait antérieurement à la suspension.

ii) Ces prérogatives comportent tant la suspension que la dissolution, entraînant dans ce dernier cas la constitution d'une **délégation spéciale**.

iii) Par ailleurs, le président et le bureau du conseil régional peuvent être suspendus par le président de la République lorsque ces organes accomplissement des actes contraires à la constitution, portent atteinte à la sécurité de l'État, ou à l'ordre public, mettent en péril l'intégrité du territoire.

Le président de la République peut les destituer après avis du conseil constitutionnel dans les mêmes cas (article 60 de la Constitution).

La délégation spéciale qui se substitue au conseil régional en cas de dissolution se limite à expédier les affaires courantes, à prendre des mesures conservatoires et à rechercher des solutions aux affaires urgentes.

Elle ne peut en aucun cas engager les finances de la région au-delà d'un seuil fixé, aliéner ou échanger des propriétés, modifier l'effectif des personnels régionaux ou voter des emprunts (article 50, loi n° 2004/19).

iv) « *En temps de guerre, le Conseil municipal d'une commune peut être, pour des motifs d'ordre public ou d'intérêt général, suspendu par décret du président de la République jusqu'à la cessation des hostilités. Le même décret constitue une délégation spéciale habilitée à prendre les mêmes décisions que le Conseil municipal. Il en précise la composition et prévoit un vice-président et un président* ».

La délégation spéciale exerce les mêmes attributions que le conseil municipal. Toutefois, **il ne peut aliéner ou échanger des propriétés communales, augmenter l'effectif budgétaire,** créer des services publics ou voter des emprunts.

Il doit être procédé à l'élection du conseil municipal dans les six (06) mois renouvelable au plus trois (03) fois.

Les activités des collectivités territoriales sont donc limitées à des objectifs de développement tant au niveau des communes que des régions, confinées de ce fait à la bonne gouvernance.

III. LA GOUVERNANCE COMMUNALE : CONSEILS MUNICIPAUX ET MAIRES, CONSEILS DE COMMUNAUTÉ ET DÉLÉGUÉS

Le système des communautés urbaines est différent du système des communes de droit commun.

III.1- La gouvernance communale ordinaire : conseils municipaux et maires

Le conseil municipal est l'organe délibérant, et la municipalité constitue l'exécutif municipal.

III.1.1- Le conseil municipal organe délibérant de la commune

a. Sa composition

Le conseil municipal est composé de conseillers municipaux élus, pour cinq (05) ans au suffrage universel direct et secret. Ils sont rééligibles.

L'élection a lieu au scrutin de liste sans vote. Chaque commune constitue une circonscription électorale.

Le scrutin pour l'élection des conseillers municipaux est un scrutin mixte à un tour comportant un système majoritaire et un système de représentation proportionnelle.

La constitution de chaque liste doit tenir compte des différentes composantes sociologiques de la circonscription.

Lorsqu'une liste a obtenu la majorité absolue des suffrages exprimés, elle est proclamée élue et remporte la totalité des sièges de la circonscription électorale.

Et lorsqu'aucune liste n'a obtenu la **majorité absolue** des suffrages exprimés, il est attribué à la liste ayant la majorité relative des suffrages exprimés la moitié du nombre de sièges à pourvoir arrondi, le cas échéant, à l'entier supérieur.

En cas **d'égalité** de suffrages entre les listes arrivées en tête, ces sièges sont répartis à égalité entre lesdites listes. Si le nombre de sièges est impair, le siège supplémentaire est attribué à la liste dont les candidats ont la moyenne d'âge la plus élevée.

Cette attribution opérée, les autres sièges sont répartis entre toutes les listes, y compris celles ayant obtenu la majorité relative, à la représentation proportionnelle suivant la règle du **plus fort reste**. Sont exclues de cette répartition, les listes ayant obtenu moins de 5% des suffrages exprimés.

Les sièges sont attribués aux candidats dans l'ordre de présentation. En cas d'égalité des suffrages, le siège est attribué au plus âgé.

Le nombre de conseillers municipaux est fixé ainsi qu'il suit :

- 61 conseillers municipaux dans les communes de plus de 200 000 habitants ;

- 45 conseillers municipaux dans les communes de plus de 100 000 habitants ;

- 41 conseillers municipaux dans les communes de plus de 50 000 habitants ;

- 35 conseillers municipaux dans les communes de plus de 40 000 habitants ;

- 25 conseillers municipaux dans les communes de moins de 40 000 habitants.

Les élections partielles ont lieu lorsqu'un conseil municipal a perdu les deux cinquièmes de ses membres.

Le recensement officiel de la population précédant les élections municipales sert de base pour la détermination par voie réglementaire du nombre de conseillers municipaux par commune[1].

b. Ses compétences

Le conseil municipal est l'organe démocratique délibérant de la commune. La loi dispose « *qu'il règle par délibérations les affaires de la commune (article 26 de la loi n° 2004/18), les affaires d'intérêt local à cette collectivité territoriale décentralisée* ».

Le conseil municipal poursuit ladite loi, « *délibère sur les matières prévues par la loi d'orientation (n° 2004/17) et relatives aux différents domaines intéressant le développement économique, social et culturel* ». Ces domaines intéressent le développement sanitaire et social, le

---

[1] Voir article 25 de la loi n° 2004/17, loi n°92/002 du 14 août 1992 fixant les conditions d'élection des conseillers municipaux.

développement éducatif, sportif et culturel, la jeunesse et les sports, les loisirs, et les langues nationales.

Il peut délibérer également sur les affaires dévolues à sa compétence par la loi.

Le conseil peut déléguer l'exercice d'une partie de ses attributions au maire à l'exception de celles dévolues aux commissions d'étude formées par le conseil.

La décision déléguant des pouvoirs doit faire l'objet d'une délibération déterminant l'étendue de la délibération (article 28 de la loi n° 2004/18).

c. Son fonctionnement

Les règles de fonctionnement du conseil municipal sont strictement codifiées :

- le conseil municipal siège à l'hôtel de ville de la commune ou dans le local servant de mairie. Le maire peut toutefois le réunir dans tout autre local approprié sur le territoire de la commune lorsque les circonstances l'y obligent. Dans ce cas, il en informe le représentant de l'État et les conseillers municipaux au moins sept (07) jours avant la date retenue pour la session.

Lors des réunions où le compte administratif du maire est débattu, le conseil municipal élit son président de séance. Dans ce cas, le maire peut assister à la réunion mais doit se retenir en cas de vote.

Le président de séance adresse directement la délibération au représentant de l'État ;

- Le conseil municipal est présidé par le maire ou en cas d'empêchement du maire par un adjoint au maire dans l'ordre de préséance. Le président de séance assure la police des sessions suivant les prescriptions du règlement intérieur.

L'outrage et l'injure commis envers le maire ou le président de séance dans l'exercice de leurs fonctions, sont passibles des peines prévues par la loi pénale ;

- Le conseil municipal se réunit en session ordinaire une fois par trimestre pendant une durée maximale de sept (07) jours. Le représentant de l'État peut demander au maire de réunir le conseil municipal en session extraordinaire.

Le maire peut réunir le Conseil municipal en session extraordinaire chaque fois qu'il le juge utile. Il est tenu de le convoquer **sur demande des deux tiers des conseillers municipaux** en exercice.

Toute convocation est signée par le maire et précise **l'ordre du jour arrêté**. Le conseil ne peut traiter d'autres affaires en dehors dudit ordre du jour.

Le représentant de l'État peut signer les convocations en cas de défaillance dûment constatée du maire et au terme d'une mise en demeure restée sans suite.

La convocation du conseil municipal est mentionnée au registre des délibérations **affichées à l'hôtel de Ville ou à la mairie**. Elle est adressée par écrit aux conseillers municipaux quinze (15) jours au moins avant celle de la session. En cas d'urgence ce délai est ramené à trois (03) jours.

- Le conseil municipal ne peut valablement siéger que lorsque les deux tiers (2/3) de ses membres sont présents.

Après convocation régulièrement faite et lorsque le quorum n'est pas atteint, toute délibération votée après la seconde convocation est valable lorsque la moitié (1/2) au moins des membres est présente.

Le conseil municipal délibère valablement en cas de mobilisation générale après une seule convocation.

- Le conseil municipal **délibère et décide à la majorité simple des votants**.

Le vote a lieu au **scrutin public**. La voix du président est prépondérante en cas de partage des voix. Les noms, prénoms des votants sont insérés avec la désignation de leurs votes au procès-verbal.

Le scrutin secret est de droit toutes les fois que le tiers (1/3) des membres présents le réclame ou qu'il s'agit de procéder à une nomination ou à une représentation. L'élection est acquise lorsqu'aucun des candidats n'a obtenu la majorité absolue après deux tours de scrutin à la majorité relative. En cas d'égalité, le candidat le plus âgé est proclamé élu.

Un conseiller municipal empêché peut donner à un collègue de son choix un **mandat légalisé écrit** pour voter en son nom. Sauf cas de maladie, le même mandat ne peut être valable pour deux séances.

- Le conseil municipal peut, s'il le juge nécessaire, demander au représentant de l'État l'autorisation de consulter en cours de session des fonctionnaires ou agents de l'État. Il peut aussi consulter toute autre personne en raison de ses compétences suivant la même procédure.

- Les séances du **conseil municipal sont publiques**. Il peut toutefois délibérer à huis clos à la demande du maire ou du tiers (1/3) des membres du conseil en exercice.

Le **huis clos est de droit** lorsque le conseil est appelé à donner son avis sur les mesures individuelles et les matières relatives au secours scolaire, à l'assistance médicale gratuite, à l'assistance aux vieillards, aux familles, aux indigents et aux sinistrés et, au traitement des problèmes de démissions volontaires du maire ou de ses membres.

Le compte rendu de la séance est dans un délai maximal de huit (08) jours affiché par extraits à l'hôtel de ville ou à la mairie et certification de l'affichage du compte rendu est faite par le maire et mentionnée au registre des délibérations.

Les délibérations sont inscrites par ordre de date sur un registre coté et paraphé par le représentant de l'État. Elles sont signées par tous les membres présents à la séance et le cas échéant, mention est faite de la cause qui les a empêchés de signer.

- Le conseil municipal peut à la demande de la majorité de ses membres faire appel à toute personne, en raison de ses compétences, pour prendre part à ses travaux.

La participation des personnes appelées en consultation donne lieu à rémunération.

- Le conseil municipal peut former au cours de sa première session annuelle, des commissions pour l'étude des questions entrant dans ses attributions.

Celles-ci peuvent se réunir pendant la durée et dans l'intervalle des sessions. La participation aux travaux des commissions est gratuite. Toutefois, les frais afférents à leur fonctionnement sont imputables au budget communal.

Le président peut faire appel à toute personne, en raison de ses compétences, pour prendre part aux travaux de la commission, sans voix délibérative. Cette participation aux travaux peut donner lieu à rémunération par délibération du conseil municipal.

Les délibérations du conseil municipal accordant au personnel communal, par assimilation au personnel de l'État chargé d'assurer une fonction accessoire dans la commune, **des traitements, salaires, indemnités ou allocations** ayant pour effet de créer pour ledit personnel, une situation plus avantageuse, sont illégales. Elles doivent être celles prévues par la réglementation en vigueur.

Ces dispositions s'appliquent aussi aux décisions prises pour le personnel par les services en régie assurant un service public relevant de la commune.

Des dispositions législatives ou réglementaires visent à inciter les conseillers municipaux à l'assiduité et à assurer leurs obligations. Ainsi :

- Tout membre du conseil municipal dûment convoqué qui, sans motifs légitimes, a manqué trois (03) sessions successives peut, après avoir été invité à fournir des explications au maire, être déclaré démissionnaire par le ministre chargé des Collectivités territoriales. L'avis du conseil municipal est requis.

La décision intervenue doit être envoyée à l'intéressé et une copie au représentant de l'État. Elle est susceptible de recours devant la juridiction compétente.

Le conseiller déclaré démissionnaire de cette façon ne peut poser sa candidature à l'élection partielle ou générale au conseil municipal qui suit immédiatement la date de sa démission d'office.

- Tout membre du conseil municipal qui « sans excuse valable », a refusé de remplir les fonctions qui lui sont dévolues par les lois et règlements, peut être déclaré démissionnaire par le Ministre chargé des Collectivités territoriales après avis du conseil municipal.

Ledit refus doit résulter d'une déclaration écrite adressée à qui de droit ou rendue publique par son auteur. L'obtention persistante est constatée après mise en demeure du ministre chargé des Collectivités.

La décision correspondante est susceptible de recours devant la juridiction compétente.

Les démissions volontaires sont adressées par lettre recommandée au maire avec copie au représentant de l'État. Elles sont définitives à compter de la date de l'accusé de réception par le maire, ou en l'absence d'un tel accusé de réception dans un délai maximal d'un mois à compter de la date du nouvel envoi de la démission constatée par lettre recommandée.

La démission d'un conseiller municipal n'a donc pas besoin d'être acceptée.

d. La délégation spéciale

En cas de constitution d'une délégation spéciale (suspension suivie d'une dissolution), celle-ci remplit les fonctions du conseil municipal.

Elle est habilitée à prendre les mêmes décisions en cas de mobilisation ou d'ajournement des élections au conseil municipal.

Il a été souligné que la **délégation spéciale ne peut aliéner** ou échanger des propriétés communales, augmenter l'effectif budgétaire, créer des services publics ou voter des emprunts.

Il est procédé à la réélection du conseil municipal dans les six (06) mois à compter de la date de la dissolution ou de la dernière démission.

Le président de la République peut par décret le proroger pour une période de six (06) mois renouvelable au plus trois (03) fois. Le président de la délégation remplit les fonctions de maire et le vice-président celui d'adjoint au maire. Leurs pouvoirs prennent fin à l'installation du nouveau conseil municipal élu et du nouvel exécutif municipal.

III.1.2- L'exécutif communal élu : le maire et ses adjoints

L'exécutif communal a une origine démocratique. Il exerce à la base des attributions importantes et se révèle être le chef administratif et politique de la commune.

a. Organisation et fonctionnement

« *Le Maire et ses adjoints constituent l'exécutif communal* »[1].

Le maire est le chef de l'exécutif communal. Il est assisté d'adjoints rangés dans l'ordre de préséance de leur élection.

Le maire et les adjoints **résident** dans la commune.

Le nombre d'adjoints est déterminé en fonction du nombre de conseillers municipaux et de la population : deux adjoints pour les communes de vingt-cinq (25) conseillers, quatre pour les communes disposant de trente-cinq (35) à quarante et un (41) conseillers, six adjoints pour celles ayant soixante et un (61) conseillers.

---

[1] Voir chapitre II de la loi n° 2004/18 du 22 juillet 2004.

Un poste d'adjoint spécial peut être institué par **délibération motivée** du conseil municipal lorsqu'un obstacle quelconque ou l'éloignement rend difficiles, dangereuses ou momentanément impossibles les communications entre le chef-lieu et une portion de la commune.

L'adjoint spécial est élu parmi les conseillers résidant dans cette portion de commune.

L'adjoint spécial remplit les fonctions d'officier d'état civil et peut être chargé de l'exécution des lois et règlements de police dans cette portion de la commune.

Les fonctions d'adjoint spécial cessent avec le rétablissement de la situation normale. Cette cessation est constatée par délibération du conseil municipal.

Elle est soumise à l'approbation préalable du représentant de l'État.

Le maire est élu à la première session du conseil municipal convoquée par le représentant de l'État le deuxième mardi suivant la date de la proclamation des résultats de l'élection des conseillers municipaux.

Le maire est élu au scrutin uninominal majoritaire à deux tours. L'élection est acquise au premier tour à la majorité absolue des suffrages exprimés. Il est organisé un deuxième tour lorsqu'une majorité absolue n'est pas obtenue. Le candidat ayant obtenu la majorité relative des voix est alors proclamé élu. En cas d'égalité, l'élection est acquise au plus âgé des candidats.

Il est procédé à l'élection des adjoints après l'élection du maire. Elle a lieu au scrutin de liste à la représentation proportionnelle suivant la règle de la plus forte moyenne. Ne sont valables que les bulletins portant un nombre de noms égal au nombre de membres à élire.

Lesdits scrutins pour l'élection du maire ou celle de ses adjoints sont secrets.

La séance du conseil municipal consacrée à l'élection du maire est présidée par le plus âgé de ses membres, assisté par le plus jeune.

La liste des élus est rendue publique par le président de séance dans un délai maximal de vingt-quatre (24) heures après la proclamation des résultats par voie d'affichage à l'hôtel de ville ou à la mairie.

Les maires et les adjoints sont élus pour la même durée que le conseil municipal (cinq ans).

L'élection du maire et des adjoints peut faire l'objet d'un recours en annulation suivant les règles prévues par la réglementation en vigueur pour l'annulation de l'élection des conseillers municipaux.

Le conseil est convoqué en cas d'annulation pour procéder à leur remplacement dans un délai maximal d'un mois.

Les fonctions de maire sont incompatibles avec celles de membres du gouvernement et assimilés, de député ou de sénateur, d'autorité administrative, d'ambassadeur ou responsable dans une mission diplomatique, de président des cours et des tribunaux, de directeur général ou de directeur d'établissement public, ou de société à participation publique, de secrétaire général de ministère et assimilés, de directeur d'administration centrale, de président de conseil régional, de membre des forces de maintien de l'ordre, d'agent et employé de la commune concernée, d'agent des administrations financières ayant à connaître des finances ou de la comptabilité de la commune concernée.

Les membres de l'exécutif municipal et ceux de la délégation spéciale bénéficient d'avantages financiers et de protection pénale :

i) Les maires, les adjoints au maire, les présidents et vice-présidents de la délégation spéciale sont protégés conformément à la loi pénale des menaces et outrages, violences, injures ou diffamation dont ils peuvent être l'objet dans l'exercice de leurs fonctions.

ii) Ils peuvent bénéficier d'avantages financiers.

Ils ont droit au paiement d'une indemnité de session ou au remboursement des frais que nécessite l'exécution des mandats qui leur sont confiés. Le montant de cette indemnité est fixé par délibération du conseil municipal et arrêté par le ministre chargé des Collectivités territoriales.

Ils ont droit à une rémunération et à des indemnités de fonction et de réglementation fixées en fonction des barèmes réglementaires. La délibération du conseil municipal concerné, approuvée par le ministre chargé des Collectivités territoriales fixe pour chaque commune les montants de la rémunération et des indemnités de fonction et de représentation.

Lesdites indemnités sont également servies au président et au vice-président de délégation spéciale.

iii) Le maire et ses adjoints, le président et le vice-président d'une délégation spéciale bénéficient d'une réparation du préjudice résultant d'un accident survenu dans l'exercice de leurs fonctions.

Les conseillers municipaux et les délégués spéciaux bénéficient de la même protection lorsqu'ils sont chargés de l'exécution d'un mandat spécial.

b. Attributions

L'exécutif municipal est constitué par le maire et ses adjoints. Quelles sont leurs attributions ?

- Le maire représente la commune dans les actes de la vie civile et à la justice. À ce titre, il est chargé sous le contrôle du conseil municipal de conserver, d'entretenir et d'administrer les propriétés et les biens de la commune et d'accomplir tous les actes conservatoires de ces droits.

Il **gère les revenus**, **surveille** les services communaux et la comptabilité communale.

Il **délivre les permis de bâtir** et de démolir ainsi que les autorisations d'occupation des sols.

Il **prépare et propose** le budget, ordonnance les dépenses et prescrit l'exécution des recettes.

Il dirige les travaux communaux. Il veille à l'exécution des programmes de développement financés par la commune ou réalisés avec sa participation.

Il pourvoit aux mesures relatives à la voirie municipale.

Il souscrit les marchés, il passe les baux et les adjudications de travaux communaux conformément aux textes en vigueur.

Il passe, selon les règles, les actes de vente, d'échange, de partage, d'acceptation, de dons ou legs, d'acquisition, de transaction, lorsque ces actes ont été autorisés par le conseil municipal.

Il veille à la protection de l'environnement et prend en conséquence les mesures propres à empêcher ou à supprimer la pollution et les nuisances.

Il protège les espaces verts et contribue à l'embellissement de la commune.

Il prend à défaut les propriétaires ou les détenteurs du droit de chasse préalablement mis en demeure pour la destruction d'animaux déclarés nuisibles…

Le maire nomme aux emplois communaux et d'une manière générale, il exécute les délibérations du conseil municipal.

Le maire est l'ordonnateur du budget de la commune.

Le maire est chargé sous le contrôle du représentant de l'État, de la police municipale et de l'exécution des actes de l'État y relatifs.

À cet égard, le maire prend des arrêtés à l'effet d'assurer l'application des lois et des règlements de police et d'ordonner les *mesures locales* sur les objets confiés par la législation en vigueur à sa vigilance et à son autorité.

Un service de police municipale peut être créé par délibération du conseil municipal qui en fixe les attributions, les moyens et les règles de fonctionnement.

Le ministre chargé des Collectivités territoriales doit au préalable approuver ladite création.

Le maire exerce les pouvoirs de police en matière de circulation routière dans le ressort de la commune.

Il peut, moyennant le paiement de droits fixés par délibération, donner des permis de stationnement ou de dépôt temporaire sur la voie publique, sur les rivières, ports et quais fluviaux relevant de la compétence de la commune et sur d'autres biens publics sous réserve de ne pas gérer la circulation publique.

Le maire accorde les permissions de voirie à titre précaire et essentiellement révocable sur les voies publiques conformément à la législation en vigueur. Ces permissions ont pour objet de permettre l'établissement dans le sol ou sur la voirie publique des réseaux destinés à la distribution de l'eau, de l'énergie électrique ou du téléphone.

Le maire peut prescrire aux propriétaires usufruitiers, fermiers ou à tous les autres possesseurs ou exploitants d'entourer d'une clôture suffisante les puits et les excavations présentant un danger pour la sécurité publique ainsi que les terrains insalubres présentant un danger pour la santé publique.

Le maire peut, en l'absence d'un service de **police municipale**, créer un **service d'hygiène** chargé de la **police sanitaire** de la commune.

Le responsable de ce service prête serment devant le tribunal d'instance compétent territorialement.

Toutefois, le représentant de l'État peut, pour toutes les communes d'une circonscription ou pour une ou plusieurs, « *prendre toutes mesures relatives au maintien du bon ordre, de la sécurité, de la salubrité, de la sûreté et de la tranquillité* publiques ».

Le représentant de l'État dans ce cas procède de façon préalable à une mise en garde au cas où ladite commune dispose d'un service de police. Celle-ci, restée sans effet, l'autorise à agir.

Il peut par ailleurs être noté que le conseil municipal peut émettre des vœux et des avis en matière de police municipale. Il n'a en aucun cas qualité pour adresser des injonctions au maire.

III.1.3- Les services publics municipaux

Les pouvoirs transférés aux communes nécessitent, pour leur mise en œuvre, la création de services publics propres.

Déjà les lois n° 2004/17 et 2004/18 en tracent les orientations.

Les services de la mairie sont sous la direction d'un secrétaire général. D'autres services sont prévus par la loi.

a. Un service de coordination dirigé par le secrétaire général de la mairie

1. Le secrétaire général de mairie est le principal animateur des services de l'administration municipale.

Il bénéficie à cet effet des délégations de signature pour l'accomplissement de ses fonctions.

2. Le secrétaire général assiste aux réunions de l'exécutif communal dont il assure le secrétariat.

3. Le ministre chargé des Collectivités territoriales nomme et met fin par arrêté aux fonctions du secrétaire général de mairie.

Celui-ci est généralement sorti du CEFAM de Buea (Centre de formation de l'administration municipale).

b. Les centres spéciaux d'état civil

1. Le ministre chargé des Collectivités territoriales peut, sur proposition du représentant de l'État, créer par arrêté, après avis du maire, des centres spéciaux d'état civil dans le ressort de certaines communes.

Ces centres sont rattachés au centre principal d'état civil de la mairie.

2. Dans ce cas précis, les fonctions d'officier d'état civil sont exercées par des citoyens désignés par le ministre chargé des Collectivités territoriales après avis du représentant de l'État.

Les fonctions d'officier d'état civil dans les centres principaux sont gratuites. Elles donnent droit au paiement d'une indemnité. Le ministre chargé des Collectivités territoriales en fixe les taux.

3. Le maire ou l'adjoint est tenu de légaliser toute signature apposée en sa présence par l'un de ses administrés connu de lui ou accompagné de deux (02) témoins connus.

Il est tenu de légaliser à la demande du signataire, toute signature conforme à la signature type déposée par l'intéressé sur un registre spécial tenu à la mairie.

L'apposition des empreintes digitales n'est pas susceptible de légalisation. Toutefois, le maire ou l'adjoint peut certifier qu'elle a eu lieu en sa présence.

Les signatures données par les magistrats municipaux dans l'exercice de leurs fonctions valent dans toutes circonstances sans être légalisées, si elles sont revêtues du cachet de la mairie.

c. La police municipale

1. Le conseil municipal autorise par délibération la création d'un service de police municipale. Il en fixe les attributions et les règles de fonctionnement.

Le ministre chargé des Collectivités territoriales approuve de façon préalable cette création.

2. Le service de police municipale a pour objet d'assurer le bon ordre, la sûreté, la tranquillité, la sécurité et la salubrité publique.

Ses missions sont nombreuses.

i) Le contrôle de la **police de la circulation**.

Elle concerne la sûreté et la commodité du passage dans les rues, quais, places et voies publiques ; le nettoiement, l'éclairage, l'enlèvement des encombrements, la démolition ou la réparation des édifices menaçants, l'interdiction de ne rien exposer aux fenêtres qui puisse causer des dommages ou des exhalaisons nuisibles.

ii) La **police de transport des personnes décédées** :

Elle est également relative aux inhumations, le maintien et le bon ordre dans les cimetières.

iii) La **police alimentaire**

Celle-ci comprend l'inspection des denrées qui se vendent au poids et à la mesure ainsi que des appareils de mesure et de pesage.

Elle s'étend à la salubrité des denrées comestibles exposées en vente.

iv) La **prévention et la gestion des catastrophes**

Celle-ci concerne la prévention par des précautions convenables et l'intervention par la distribution des secours nécessaires en cas d'accident et de fléaux calamiteux tels que les incendies, les inondations, les maladies épidémiques ou contagieuses, les épizooties.

Cette police consiste en la mise en œuvre de mesures d'urgence en matière de sécurité et de secours.

v) La **police de circulation des aliénés**

Elle est relative aux mesures nécessaires contre les aliénés dont l'état pourrait compromettre la morale publique, la sécurité des personnes ou la conservation des propriétés.

vi) La **police de la divagation des animaux**

Elle consiste pour la police municipale à prévenir les évènements fâcheux qui pourraient occasionner la divagation des animaux.

vii) La **police de la construction** qui est relative aux édifices construits sans permis de bâtir.

Le représentant de l'État dans la circonscription administrative où se trouve la commune, peut prendre toutes mesures de sûreté exigées par les circonstances dans les matières précitées.

d. Les autres services : établissements publics et sociétés à capital public locaux

1. La loi n°2004/17 d'orientation de la décentralisation (article 62) prévoit la création des établissements publics administratifs et des sociétés à capital public locaux et la prise des participations au sein des entités publiques, parapubliques et privées.

2. Cette loi en trace les règles :

- les titres acquis par les collectivités territoriales dans le cadre de la création ou de la participation à des sociétés à participation publique ou à des entreprises privées, doivent être émis sous forme nominative ou représentés par des certificats nominatifs ;

- ils sont acquis sur le fondement d'une délibération du conseil municipal et sont conservés par le receveur de la commune même au cas où ils sont affectés en garantie de la gestion du conseil d'administration ;

- les titres affectés à la garantie de gestion du conseil d'administration sont inaliénables ;

- la participation de la commune ou d'un regroupement des communes ne peut excéder trente-trois pour cent (33%) du capital social desdites entreprises.

3. Il peut être espéré une expansion des services publics communaux en fonction de la taille et des ressources de la commune et, du développement des compétences transférées.

La décentralisation va réaliser ainsi un important « **gisement d'emplois** »[1].

III.2- LA GOUVERNANCE DES COMMUNAUTÉS URBAINES : CONSEIL DE COMMUNAUTÉ ET DÉLÉGUÉ DU GOUVERNEMENT

L'article 112 de la loi n°2004/18 dispose « *la communauté urbaine comprend : le conseil de la communauté urbaine, le délégué du gouvernement* ».

Ce sont les deux organes de gouvernement de la communauté urbaine.

[1] Voir *L'Action*, numéro spécial du 6 novembre 2009, « Demain un Cameroun uni et décentralisé, un important gisement d'emplois » par Parfait SIKIN, p. 27.

III.2.1- L'organe délibérant de la communauté : le conseil de la communauté

1. Le conseil de la communauté urbaine est composé des maires des communes d'arrondissement et des représentants désignés au sein des communes d'arrondissement.

La communauté urbaine comprend au **moins deux (02) communes** d'arrondissement. Le maire d'une commune d'arrondissement est membre de droit du conseil de la communauté urbaine.

Outre le maire, le conseil municipal de la commune d'arrondissement désigne en son sein cinq (05) conseillers appelés à le représenter au sein du conseil de la communauté urbaine. Cette désignation intervient à l'occasion de la première session du conseil, celle qui suit immédiatement la proclamation des résultats des élections municipales.

Le mandat du conseil de la communauté urbaine expire en même temps que celui des conseillers municipaux d'arrondissement.

La représentation au sein du conseil de la communauté urbaine d'un conseil municipal en cas de dissolution, de démission de tous ses membres ou de suspension, est assurée par cinq (05) membres de la délégation spéciale constituée à cet effet.

Le conseil municipal de la commune d'arrondissement concerné pourvoit au remplacement, en cas de vacance de conseiller de la communauté, en cas de décès, de démission ou pour toute autre cause, dans un délai maximal de deux mois.

2. Le conseil de la communauté urbaine délibère sur toutes les questions relevant de sa compétence et plus particulièrement dans les matières déterminées à l'article 110 de la loi n° 2004/17 : gestion des lacs et rivières, gestion des parcs et jardins, gestion des déchets industriels, nettoiement des voies communautaires, traitement des ordures ménagères, équipements communautaires, plans communautaires d'action pour l'environnement, gestion des cimetières, opérations d'aménagement communautaire, organisation des transports urbains, plans communautaires d'investissements, passage avec l'État ou la région des contrats plans, planification urbaine, plans, schémas directeurs, voiries communautaires primaire, etc.

3. Il est à noter que le conseil municipal de la commune *d'arrondissement donne son avis* toutes les fois qu'il est requis par le conseil de la communauté ou tout autre organisme sur les affaires intéressant la commune concernée.

La consultation du conseil municipal d'arrondissement est de rigueur et obligatoire pour toute opération ou tout projet d'intérêt général à exécuter en totalité ou en partie sur son territoire.

La création d'une communauté urbaine emporte le transfert de compétences et de ressources à ladite communauté urbaine.

Et sauf cas de consultation, le conseil municipal de la commune d'arrondissement ne peut délibérer sur une compétence transférée à la communauté.

4. Les délibérations du conseil de la communauté obéissent au régime juridique des délibérations du conseil municipal. Les copies des délibérations sont transmises, dans les dix jours à partir de la date de leur entrée en vigueur, aux maires d'arrondissement par le délégué du gouvernement.

III.2.2- L'organe exécutif de la communauté : le délégué du gouvernement et ses adjoints

La particularité des communautés urbaines est d'avoir à leur tête un délégué du gouvernement nommé par le président de la République.

1. *« Un délégué du gouvernement nommé par décret du Président de la République exerce la plénitude des fonctions et des attributions dévolues au Maire à la tête de la communauté urbaine. Il est assisté d'adjoints nommés par arrêté du Président de la République »* dit l'article 115 de la loi n° 2004/18.

2. Le Délégué et ses adjoints constituent l'exécutif municipal de la communauté urbaine.

Il convoque et préside les sessions du conseil de la communauté urbaine.

Dans l'exercice de ses fonctions, il est charge :

- de la préparation et de l'exécution des délibérations du conseil de la communauté ;

- de la préparation et de l'exécution du budget de la communauté ;

- de la gestion des ressources et du patrimoine de la communauté ;

- de la direction des travaux communautaires ;

- de la représentation de l'agglomération dans les cérémonies protocolaires à cette occasion et à l'occasion des manifestations publiques ;

- le délégué du gouvernement et les adjoints portent en ceinture une écharpe aux couleurs nationales avec glands à franges dorées pour le délégué et glands à franges argentées pour les adjoints.

3. Le délégué du gouvernement auprès de la communauté urbaine peut demander à titre exceptionnel la réunion des conseils municipaux des communes d'arrondissement sur un ordre du jour précis. Il peut faire dans ce dernier cas une communication aux conseillers municipaux des communes d'arrondissement ainsi réunis.

Ces conseils municipaux peuvent également se réunir à la demande des deux tiers (2/3) des membres desdits conseils.

4. Le délégué du gouvernement et les adjoints au délégué du gouvernement bénéficient d'une rémunération et des indemnités de représentation et de fonction dont le montant est fixé par arrêté du président de la République.

III.2.3- Les services publics des communautés urbaines

Les exemples de Yaoundé et de Douala qui possèdent de solides administrations peuvent être étudiés.

a. La communauté urbaine d Yaoundé

La communauté urbaine de Yaoundé dispose d'un cabinet du délégué, d'un secrétariat général, de services techniques et d'une recette municipale[1].

Le cabinet du délégué placé sous l'autorité d'un directeur éventuellement assisté d'un adjoint est chargé des affaires réservées, du courrier personnel et des audiences du délégué du gouvernement, du protocole, de la communication, de la sécurité, des relations publiques, du contrôle de gestion, de la coopération internationale et de l'information des services. La dépendance du contrôle de gestion ici étonne.

---

[1] Voir Arrêté n°50/99/AC/CUY portant organisation des services de la communauté urbaine de Yaoundé.

Il se divise en plusieurs branches : secrétariat particulier, service des relations publiques, contrôle de gestion…

Le **secrétariat général** est placé sous l'autorité du secrétaire général, principal collaborateur du délégué.

Il suit l'instruction des affaires de la Communauté urbaine. Il peut recevoir à cet effet des délégations de signature du délégué du gouvernement à l'effet de signer certains documents qui n'engagent pas les finances de la communauté.

Il est l'animateur principal des services publics de la communauté urbaine de Yaoundé :

- Il cordonne et anime l'action de l'ensemble des directions ;

- Il propose les arbitrages nécessaires au délégué du gouvernement ;

- Il veille à la célérité dans le traitement des dossiers ;

- Il assure le bon accueil des usagers ;

- Il s'attache à créer de bonnes conditions de travail pour les agents de la communauté urbaine.

Le délégué désigne un directeur en cas d'absence ou d'empêchement du secrétaire général pour assurer l'intérim.

Puis, viennent une cohorte des services techniques :

La direction des affaires financières et économiques est chargée de la préparation, de l'élaboration, de la mise en œuvre et du suivi du budget de la communauté. Elle mobilise et gère les ressources financières de la communauté. Elle assure l'information fiscale des contribuables et des délégations des services publics de la communauté urbaine. Elle suit les relations avec les services publics de la communauté et la gestion des emprunts et de la dette.

Le directeur des affaires financières et économiques fait fonction « *d'ingénieur* », dans le cadre de l'exécution des marchés d'études et des prestations passées par la communauté et « *d'ingénieur* » pour la supervision de certaines études sous la maîtrise d'ouvrage de l'État.

Ladite direction comporte un service de l'assiette des approvisionnements et une cellule de promotion économique qui recherche et identifie les partenaires de développement économique et social.

La direction des affaires administratives et juridiques comprend un service du personnel, un service juridique et du contentieux, un service des archives et de la documentation, un service des affaires sociales et générales.

Cette direction est chargée de la gestion du personnel de la communauté, des affaires juridiques, du contentieux, des assurances et des actions relatives à la vie associative et de la politique d'insertion sociale de la communauté urbaine.

La **direction des services techniques** est chargée de l'élaboration, de la mise en œuvre et du suivi de l'exécution des politiques de l'aménagement, du développement urbain et de l'environnement de la ville. Elle suit les constructions publiques, les équipements et les infrastructures de la communauté, leur conception, construction, modernisation, entretien, maintenance et exploitation.

Elle suit l'application de la législation et de la réglementation technique en matière d'aménagement et d'exploitation des réseaux et services urbains.

Elle est également compétente pour l'élaboration et le suivi des contrats de gestion des équipements et services publics et de la gestion logistique de la communauté urbaine.

Elle coordonne l'ensemble des services techniques : établissement de la programmation hebdomadaire des tâches des comptes rendus hebdomadaires, mensuels et annuels.

Elle suit l'exécution du budget de la communauté, plus précisément du budget d'investissement de la communauté.

La sécurité des édifices et des infrastructures, la gestion des risques urbains et la protection civile, sont de ses domaines de compétence.

Elle entretient des relations avec les services techniques municipaux, nationaux ou étrangers ainsi que des centres de formation à caractère technique.

Elle fait office de point focal des ministères techniques, « *d'ingénieur associé* » pour la supervision de certains travaux ayant l'État pour maître d'ouvrage.

La direction des services techniques comprend : le service d'architecture, le service de l'hygiène et de l'environnement ; le service du garage, le service des parcs et jardins, le service de l'urbanisme, le service de voirie et la cellule de développement urbain.

Enfin, il y a **la recette municipale** placée sous l'autorité d'un receveur nommé par arrêté conjoint du ministre de l'Administration territoriale et du ministre de l'Économie et des Finances.

Elle effectue les opérations de recettes et de dépenses de la communauté. Le receveur est chargé de :

- recouvrer les recettes et régler les dépenses ordonnancées par le délégué du gouvernement ;

- assurer la garde et la gestion des fonds et valeurs de la communauté urbaine ;

- tenir la comptabilité générale et analytique de la communauté urbaine.

Elle comprend : la brigade de recouvrement, le service du contrôle des dépenses et des comptes de gestion et le service de la comptabilité et de la caisse. Ces services sont restructurés en bureaux.

b. La communauté urbaine de Douala

La communauté urbaine de Douala, tout en suivant le canevas général des « *tableaux types* » édictés par le MINAT, présente une organisation tout à fait semblable[1] qui serait d'ailleurs en cours de révision.

La structure classique cabinet, secrétariat général, directions opérationnelles et recette municipale, a été respectée comme pour la communauté urbaine de Yaoundé.

Quelques **particularités** peuvent être retenues :

Il existe une **division de la communication, de la coopération et des relations publiques** chargée de mettre en œuvre la stratégie de communication et du plan média de la communauté urbaine de Douala.

Un **secrétariat des conseils de communauté** suit les réunions et les sessions de cet organe délibérant ainsi que le travail de ses commissions.

Un **centre médico-social** coordonne les activités sanitaires des médecins vacataires attachés à cette institution.

---

[1] Voir Arrêté n°006/CUD/2008 du 05 mai 2008 modifiant et complétant l'Arrêté n° 08/CUD/2004 du 29 décembre 2004 portant organisation des services de la CUD.

Une **direction des grands travaux** suit l'exécution des projets d'infrastructures, d'équipements et des réseaux. Elle assure la gestion des moyens logistiques et la surveillance quotidienne du territoire de la communauté.

Le **projet d'infrastructure de Douala** (PID) et le Contrat Désendettement/Développement (C2D) y sont logés (article 38 de l'arrêté).

Une distribution originale des **directions techniques** y apparaît : existence d'une direction de l'urbanisme, de la construction et de l'environnement et d'une Direction de la réglementation et de lutte contre le désordre urbain (article 44 de l'arrêté n° 06/CUD/2008…).

Elle combat l'insalubrité urbaine et l'occupation anarchique du domaine public des emprises réservées et des drains, les nuisances publicitaires, sonores, olfactives et sociales, bref tout désordre urbain.

Cette précaution sied bien pour une grande métropole.

Il est par ailleurs à noter l'importance prise par la **police municipale**.

Celle-ci est placée sous l'autorité d'un pool de chefs de zones. Elle est chargée de veiller au respect des « *mesures destinées à la sauvegarde de la morale et de la décence publique, de combattre l'occupation anarchique du domaine public des emprises réservées et des drains* ». Elle lutte contre la dégradation des infrastructures et des équipements publics, l'insalubrité urbaine, les comportements de désordre; régule les désordres liés aux gares routières, aux aires de stationnement et à la circulation ; et sert les convocations et amendes aux contrevenants.

La police municipale comprend le pool des chefs de zones et le pool des chefs de secteurs.

Le **pool des chefs de zones** est responsable de la tenue de la police des arrondissements ou de plusieurs zones correspondant à un arrondissement.

Le **pool des chefs de secteurs** est responsable de la tenue de la police dans plusieurs secteurs résultant de la division spatiale des arrondissements.

Le **chef de secteur** coordonne et supervise l'activité d'un ou de plusieurs secteurs.

Un **directeur des études, de la planification et du développement durable** coiffe cette puissante organisation administrative (article 51 de l'arrêté n° 06/CUD/2008…).

Elle comporte un pool d'experts pour l'environnement et la planification urbaine et un service de l'ingénieur social chargé de réaliser l'impact des projets[1].

Les communautés urbaines, Yaoundé et Douala le démontrent assez, sont dotées de vastes et puissantes administrations.

Elles sont destinées à faire face aux désordres urbains et promouvoir le développement économique et social.

IV. LA GOUVERNANCE RÉGIONALE : LE CONSEIL RÉGIONAL ET LE PRÉSIDENT DU CONSEIL RÉGIONAL

L'article 25 de la loi n° 2004/19 dispose que « *les organes de la région sont : le conseil régional, le président du Conseil régional* ».

IV.1- LE CONSEIL RÉGIONAL : ORGANE DÉLIBÉRANT DE LA RÉGION

1. Le « *Conseil régional est l'organe délibérant de la région* » (article 26 de la loi n° 2004/19).

Il est composé de conseillers régionaux dont le mandat est de cinq (05) ans.

Il comprend les délégués des départements élus au suffrage universel indirect et les représentants du commandement traditionnel élus par leurs pairs.

Une loi règle les modalités d'élection des conseillers régionaux.

Le conseil régional doit **refléter les différentes composantes sociologiques** de la région. Cela lui permet vraiment de revêtir la couleur locale.

Les parlementaires de la région assistent aux *travaux du conseil régional* avec voix consultative.

---

[1] Une note du délégué du gouvernement (22 septembre 2009) a lancé un processus de révision de cet organigramme pour le rendre conforme a l'Arrêté n° 00136/A/MINATD/CDTD du 24 août 2009 (tableaux types des emplois communaux).

2. Le conseil régional se réunit une fois par trimestre en **session ordinaire** sur convocation de son président.

La durée de la session ne peut excéder huit (08) jours à l'exception de la session budgétaire qui peut s'étendre jusqu'à quinze (15) jours.

Pour les années de renouvellement des mandats des conseillers régionaux ainsi que pour la mise en place initiale des conseils régionaux, la première session se tient de plein droit le deuxième mardi suivant la proclamation des résultats des élections des conseils régionaux. Dans ce cas, la session est convoquée par le représentant de l'État.

Les pouvoirs du conseil régional sortant expirent à l'ouverture de la session de plein droit.

Le conseil régional est également réuni en session extraordinaire sur un ordre du jour déterminé à la demande de son président ou des deux tiers (2/3) au moins des membres pour une durée qui ne peut excéder trois (03) jours. Un même conseiller ne peut présenter plus d'une demande de session extraordinaire par année.

Le représentant de l'État peut aussi demander la tenue d'une session extraordinaire.

La *présence du représentant de l'État ou son délégué* dûment mandaté aux séances du conseil régional est de droit. Lui ou son représentant est entendu chaque fois qu'il le demande. Il ne peut participer ni au vote, ni présider le conseil régional. Ses déclarations sont portées sur procès-verbal.

3. La convocation du conseil régional doit parvenir par écrit aux membres du conseil dans un délai minimal de quinze jours francs au moins avant la tenue de la réunion.

Elle est assortie de documents de travail se rapportant à chacun des sujets inscrits à l'ordre du jour. En tant que de besoin, le président du conseil dresse un rapport sur chacun de ces sujets, ne peut recevoir plus de deux mandats de représentation par session.

Un conseiller empêché peut donner mandat écrit à un autre conseiller régional pour la réunion à laquelle il ne peut assister.

4. Le conseil régional dispose de quatre (04) commissions présidées chacune par un commissaire :

- la commission des affaires administratives, juridiques et du règlement intérieur ;

- la commission de l'éducation, de la santé, de la population, des affaires sociales et culturelles, de la jeunesse et des sports ;

- la commission des finances, des infrastructures, du plan et du développement économique ;

- la commission de l'environnement, de l'aménagement du territoire, des domaines, de l'urbanisme et de l'habitat.

Le conseil régional a pouvoir de créer ou de dissoudre toute autre commission par délibérations, sur demande de son président ou des deux tiers (2/3) de ses membres.

Il peut appeler en consultation, toute personne en raison de ses compétences sur un sujet inscrit à l'ordre du jour d'une session ou à l'ordre du jour de la réunion, à une commission.

Il peut créer ou dissoudre tout « *comité ad hoc* ».

Le ministre chargé des Collectivités territoriales crée une commission paritaire composée de délégués désignés en son sein par chaque conseil régional. Celle-ci élabore un projet de règlement intérieur, lequel est rendu exécutoire par arrêté du ministre chargé des Collectivités territoriales.

5. Les fonctions de secrétaire de séance lors des sessions du Conseil régional sont exercées par les secrétaires du bureau régional.

Le secrétaire de séance soumet à l'approbation du conseil régional un relevé écrit des résolutions prises à l'occasion de la session concernée.

Ledit relevé est signé de tous les membres présents et votants. Il sert de fonctionnement pour la rédaction des projets de délibération.

Le secrétaire de séance dresse un procès-verbal cosigné du président du Conseil régional. Ce procès-verbal retrace le déroulement des travaux du conseil régional. Il est antérieurement communiqué à ses membres puis soumis à leur adoption à l'ouverture de la prochaine session.

Les délibérations du conseil régional sont conservées par ordre chronologique dans un registre coté et paraphé par le représentant de l'État.

6. Le « *Conseil régional règle par ses délibérations les affaires de la région* » et particulièrement pour les matières prévues par la loi d'orientation de la décentralisation.

Celles-ci couvrent de nombreux domaines concernant le développement économique, la gestion de l'environnement et des ressources naturelles, le développement sanitaire et social, le développement éducatif, sportif et culturel, la jeunesse, les sports et les loisirs, la culture et la promotion des langues[1].

Il peut déléguer l'exercice d'une partie d'attribution au bureau, à l'exception de celles relatives à la constitution des commissions et à sa convocation en session extraordinaire.

La délégation doit faire l'objet d'une délibération déterminant l'étendue et la durée de la délégation. Elle fait l'objet d'un compte rendu au conseil régional.

Le conseil régional désigne parmi ses membres, des délégués appelés à siéger au sein d'organismes extérieurs. Il peut procéder à leur remplacement à tout moment et pour le reste de la durée de leur mandat auprès de ces organismes.

Le conseil régional ne peut délibérer que lorsque la majorité absolue de ses membres en exercice est présente.

La réunion est convoquée de plein droit, huit (08) jours au plus tard et les délibérations sont alors valables si le quart (1/4) au moins des membres du conseil est présent.

Les délibérations sont adoptées à la majorité simple des membres présents et des votants. En cas de partage des voix, celle du président est prépondérante sauf scrutin secret. Dans cette hypothèse, le vote est repris au scrutin public sur demande du tiers (1/3) au moins des membres.

Les noms et prénoms des votants assortis de leur vote sont insérés au procès-verbal.

7. Les conseillers régionaux ont droit aux indemnités et au remboursement des frais liés à l'exécution de leur mandat.

Le conseiller régional président ou membre d'une délégation spéciale bénéficie sur le budget de la région d'une indemnité journalière et de

---

[1] Voir Titre III de la loi n° 2004/19 du 22 juillet 2004, articles 18 à 24.

frais de déplacement, en vue de l'exécution de la mission objet de la délégation spéciale.

Les personnes appelées en consultation ainsi que les membres autres que les élus des comités *ad hoc* bénéficient d'une indemnité.

L'enveloppe budgétaire servant d'assiette à la détermination des indemnités et frais, est la masse globale des recouvrements effectifs figurant au dernier compte administratif approuvé.

L'enveloppe budgétaire prévue à cet effet est indexée sur la dotation générale de la décentralisation.

Un acte réglementaire fixe les montants, les modalités de règlement des indemnités servies aux conseillers régionaux et personnes appelées en consultation ainsi que celles des remboursements.

8. Les séances du conseil régional sont publiques sauf décision contraire adoptée à la majorité absolue des membres présents ou représentés.

IV.2- LE PRÉSIDENT DU CONSEIL RÉGIONAL : ORGANE EXÉCUTIF DE LA RÉGION

1. L'article 57, alinéa 3 dispose que « *le conseil régional est présidé par une personnalité autochtone de la région élue en son sein pour la durée du mandat* ».

« *Le Président du Conseil régional est l'exécutif de la région. A ce titre il est l'interlocuteur du représentant de l'État* ».

« *Il est assisté par un bureau régional élu en même temps que lui au sein du Conseil* », déclare la loi n° 2004/19 du 22 juillet 2004.

« *Le bureau régional doit refléter la composition sociologique de la région* » souligne encore la Constitution (article 57).

Le président du conseil régional et le bureau qui l'assiste sont élus au cours de la première session du conseil.

Le bureau est composé d'un premier vice-président, d'un vice-président, de deux (02) questeurs et de deux secrétaires.

Au cours de cette session, le conseil régional est présidé par son doyen d'âge, le plus jeune membre fait fonction de secrétaire de séance.

L'élection a lieu au scrutin secret et à la majorité absolue des membres du conseil régional présents et votants.

Il est procédé à un troisième tour de scrutin et l'élection a lieu à la majorité relative. En cas d'égalité des suffrages, le plus âgé des candidats est déclaré élu.

L'élection exige la présence des deux tiers (2/3) de ses membres. Si cette condition n'est pas remplie, la réunion est re-convoquée de plein droit et bizarrement, elle peut alors se *tenir sans condition de quorum*.

Après l'élection du président, le conseil régional sous sa présidence complète son bureau en élisant dans les mêmes conditions le président, le premier vice-président, le vice-président, les deux questeurs et les deux secrétaires qui sont élus sur une liste au scrutin majoritaire à un tour.

Le président et les membres du bureau régional sont élus pour la durée du mandat.

A l'occasion des cérémonies officielles ou des circonstances solennelles, le président du Conseil régional porte en bandoulière et les membres du bureau en ceinture une écharpe aux couleurs nationales avec glands à franges dorées pour le président et glands à franges argentées pour les membres du bureau.

Les conseillers régionaux arborent un insigne dont les caractéristiques sont fixées par voie réglementaire.

Les écharpes et insignes sont acquis sur le budget régional.

2. Les fonctions de président du conseil régional sont incompatibles avec celles de membre du gouvernement et assimilés, de député ou sénateur, d'autorité administrative de maire ou délégué du gouvernement, d'ambassadeur ou responsable d'une mission diplomatique, de président des cours et des tribunaux, de directeur général d'établissement public ou de société à participation publique, de secrétaire général de ministère et assimilés, de directeur de l'administration centrale, de membre des forces de l'ordre, d'agent et employé de la région concernée, d'agent des administrations financières ou de la comptabilité de la région concernée.

Le président du conseil régional nommé à une fonction incompatible avec son mandat. Il est tenu de faire une déclaration d'option dans un délai de trente (30) jours à compter de la date de sa nomination. Passé ce délai, il est invité par le ministre chargé des Collectivités territoriales à abandonner l'une de ses fonctions. En cas de refus, il est déclaré démissionnaire par décret du président de la République sur proposition du ministre chargé des Collectivités territoriales.

3. Le président du conseil régional qui pour une cause postérieure à son élection, ne remplit plus les conditions requises pour être président ou qui se retrouve dans un cas d'inéligibilité cesse immédiatement d'exercer ses fonctions.

Le ministre chargé des Collectivités territoriales peut proposer au président de la République sa déchéance.

Il peut être déclaré démissionnaire par décret du président de la République en cas de refus d'option ou dans un délai maximal de quinze (15) jours sur proposition du même ministre chargé des Collectivités territoriales.

La démission du président du conseil régional est adressée au ministre chargé des Collectivités territoriales par lettre recommandée avec accusé de réception.

Elle est définitive à compter de la date de son acceptation par ledit ministre ou dans un délai maximal d'un mois après envoi d'une nouvelle lettre recommandée.

4. Le président du conseil régional encourt certaines responsabilités :

- tout président du conseil régional qui aura délibérément donné sa démission à l'effet d'empêcher ou de suspendre, soit l'administration de la justice, soit l'accomplissement d'un service quelconque est puni conformément à la loi ;

- dans le cas où le président d'un conseil régional commet l'une des irrégularités prévues par la législation instituant le conseil de discipline budgétaire et financière, il est passible de poursuites devant cette instance ;

- le président du conseil régional ou le président d'une délégation spéciale qui s'immisce dans le maniement des deniers régionaux est assimilé à un comptable de fait et peut à ce titre être déféré devant les juridictions compétentes pénales et de comptes (chambre des comptes).

- le président peut être provisoirement remplacé par le premier vice-président ou en cas d'empêchement de ce dernier par le vice-président ou par tout autre membre du bureau.

Cela intervient en cas de décès, de démission, de destitution, de suspension, d'absence ou de tout autre empêchement de ce dernier.

A la session ordinaire suivante, il est procédé au remplacement du président définitivement empêché. Le bureau est complété en conséquence s'il y a lieu.

En cas de décès, de démission ou de destitution d'un président, son remplaçant exerce la plénitude de ses fonctions.

Il est uniquement chargé de l'expédition des affaires courantes, et ne peut se substituer au président dans la « *direction générale des affaires de la région* » ni modifier ses décisions en cas de suspension ou d'empêchement dûment constaté par le représentant de l'État.

Le ministre chargé des Collectivités territoriales peut, après mise en demeure, procéder d'office et se substituer au président du conseil régional dans le cas où celui-ci refuse ou néglige d'accomplir un des actes qui lui sont prescrits par la réglementation ou la législation en vigueur.

Ladite mise en demeure est faite par tout moyen laissant **trace écrite**. Elle indique le délai imparti au président pour répondre au ministre chargé des Collectivités territoriales.

Ce silence vaut refus lorsque la mise en demeure est restée sans effet.

Ledit ministre peut de même et dans les mêmes conditions se substituer aux présidents de conseils régionaux intéressés lorsqu'il s'agit d'une **mesure d'intérêt interrégional**.

5. Le président du conseil régional est **l'organe exécutif de la région**.

A ce titre :

- il est l'interlocuteur de l'État dans la région ;
- il représente la région dans les actes de la vie civile et en justice.

Il prépare et exécute les délibérations du conseil régional dans les matières relevant de sa compétence.

Il ordonnance les recettes et les dépenses de la région sous réserve des dispositions particulières prévues par la législation.

Il gère le domaine de la région et exerce les pouvoirs de police afférents à cette gestion notamment en ce qui concerne la circulation et sous réserve des attributions dévolues au représentant de l'État.

Le président du conseil régional peut sous son contrôle et sous sa responsabilité donner délégation de signature aux membres du bureau.

Il peut déléguer sa signature au secrétaire général de la région ainsi qu'aux responsables des services de la région.

Il réside à titre principal dans la région concernée et principalement au chef-lieu de la région.

6. Le président du conseil régional en tant qu'exécutif de la région « *rend compte au conseil régional* ».

Il présente un **rapport spécial** au mois de janvier suivant la fin de l'exercice budgétaire de la situation de la région.

Ce rapport concerne les **matières transférées à la gestion** de la région, l'activité et le fonctionnement des différents services et organismes de la région ainsi que la gestion des **crédits alloués**.

Ledit rapport précise l'état d'exécution des délibérations du conseil régional et la situation financière de la région.

Il donne lieu à un débat. Il est ensuite transmis au représentant de l'État pour information.

Il est rendu public.

Il faut également noter qu'au mois de janvier de l'année suivant la fin de l'exercice budgétaire, le représentant de l'État expose lui aussi devant le conseil régional un rapport spécial sur les activités des services de l'État dans la région.

Ce rapport donne lieu à débat en sa présence.

IV.3- LES SERVICES PUBLICS RÉGIONAUX

Des services déconcentrés de l'État peuvent être mis à la disposition de la région en plus de ses services propres.

IV.3.1- Les services déconcentrés de l'État dans la région

1. L'article 66 de la loi n° 2004/19 du 22 juillet 2004 prévoit que pour la préparation et l'exécution des délibérations du conseil régional, le président peut disposer en tant que de besoin des services déconcentrés de l'État.

Il signe à cet effet des conventions types avec le représentant de l'État. Celles-ci réglementent l'utilisation par la région des services déconcentrés de l'État.

Ces conventions types sont fixées par voie réglementaire.

Il est à penser qu'au niveau des régions, elles sont signées avec le gouverneur de la région.

2. Les **agents de l'État** chargés de l'exécution des tâches régionales sont affectés auprès du président du conseil régional.

Ils sont placés, pour l'exercice de leurs fonctions sous son autorité.

Il a été souligné que le président du conseil peut, sous son contrôle et sa responsabilité, donner délégation de signature aux chefs desdits services pour l'exécution des missions qu'il leur confie (article 66 de la loi n° 2004/19).

Lesdits personnels restent régis par des statuts qui leur sont applicables lors de l'entrée en vigueur de la présente loi.

Les services déconcentrés de l'État couvrent toutes les activités de l'État au niveau des régions avec leurs délégations régionales.

Ils peuvent donc être mis à la disposition de la région.

3. Les services compétents de l'État assurent le contrôle de la gestion des finances de la région.

IV.3.2- Les services propres à la région

« **1.** *Les textes prévoient l'existence d'une administration régionale* » propre faite de services régionaux différents des services de l'État (articles 68 et 69 de la loi n° 2004/19).

2. Le président de la République nomme aux fonctions de secrétaire général des services de la région, sur proposition du ministre chargé des Collectivités territoriales. Il met fin aux dites fonctions.

3. Le secrétaire général des services de la région anime les services de l'administration régionale sous l'autorité du président ou dans le cadre des délégations de signature prévues dans le présent texte législatif.

Il assiste aux réunions du bureau et du conseil régional dont il assure le secrétariat.

4. Il peut être raisonnablement prévu que les services de l'administration régionale tout en étant homothétiques à ceux de l'État, vont couvrir les domaines d'activités et de compétences transférées par l'État aux régions, sous-tendant le développement économique et social et culturel. Des tableaux types d'emplois ont été édictés[1].

5. Il peut être retenu que le représentant de l'État assure la coordination de l'action des services régionaux et celle des services de l'État dans la région. Il est en rapport avec le président du conseil régional.

Il tient une conférence d'harmonisation au moins deux fois par an sur les programmes d'investissements de l'État et de la région. Le président du conseil et les membres du bureau y assistent.

Ces prorogatives touchent déjà à l'exercice du pouvoir de tutelle.

[1] Voir Arrêté n° 136 MINTADT/DCTD du 24 avril 2009 rendant exécutoires les tableaux types des emplois communaux.

CHAPITRE V

LA TUTELLE DE L'ÉTAT : GUIDANCE ET ORIENTATION DE LA DÉCENTRALISATION

L'article 55 de la Constitution (loi n° 2008/001) déclare « *l'État assure la tutelle sur les collectivités territoriales décentralisées dans les conditions fixées par la loi* ».

Quelles sont les modalités d'exercice de la tutelle par l'État tant au niveau central qu'au niveau périphérique des régions et des communes ? Et quels sont les partenaires d'accompagnement ?

I. LA TUTELLE DE L'ÉTAT AU NIVEAU NATIONAL : le ministre de l'administration territoriale, le conseil et le comité

Dans l'exercice de la tutelle, le ministre chargé des collectivités territoriales est assisté par le conseil national de la décentralisation et le comité interministériel des services locaux. Il l'exerce sous réserve des prérogatives du président de la République vis-à-vis des collectivités territoriales décentralisées.

I.1- LA TUTELLE DU MINISTRE CHARGÉ DES COLLECTIVITÉS TERRITORIALES

Les textes intervenant dans ce domaine sont de deux ordres, législatifs ou réglementaires. À ceux-ci, il faut ajouter les textes particuliers qui développent de manière explicite les prérogatives du ministre en charge de Collectivités décentralisées.

I.1.1- Les dispositions législatives

La loi n° 2004/17 du 22 juillet 2004 dispose *: « (1) l'État assure la tutelle sur les collectivités territoriales conformément aux dispositions de la présente loi.*

(2) Les pouvoirs de tutelle de l'État sur les collectivités territoriales sont exercés sous l'autorité du président de la République par le ministre chargé des collectivités territoriales et par le représentant de l'État dans la collectivité territoriale ».

Ledit ministre reçoit donc une habilitation législative de tuteur des collectivités sous l'autorité du président de la République.

Le plus étonnant est que cette habilitation est immédiatement et *ex officio* de la part de la loi, votée par l'Assemblée nationale.

I.1.2- Les dispositions règlementaires

Une première série de textes réglementaires définissent de façon générale le rôle du ministre chargé des Collectivités territoriales.

« *Il est chargé de la préparation, de la mise en œuvre et de l'évaluation de la politique de la Nation en matière d'administration territoriale, de protection civile et de la décentralisation* » (article 5 du décret n° 2004/320 du 8 décembre 2004, alinéa 4).

La même disposition reprend et explicite : « *Dans le domaine de la décentralisation, de l'élaboration et du suivi de la mise en œuvre de la réglementation relative à l'organisation et au fonctionnement des collectivités territoriales décentralisées ;*

- de l'exercice de la tutelle de l'État sur les collectivités territoriales décentralisées sous l'autorité du président de la République ;

- de l'évaluation régulière de la mise en œuvre de la décentralisation.

Il assure la tutelle du Fonds Spécial d'Équipement et d'Intervention Intercommunale des organismes publics de mise en œuvre de la décentralisation et du Centre de formation pour l'administration municipale ».

Ce texte est repris mots pour mots par le décret n°2005/104 du 13 avril 2005 portant organisation du ministère de l'Administration territoriale et de la décentralisation.

Ledit ministère comporte des structures d'encadrement et du suivi administratif de la décentralisation :

- un **inspecteur général** est spécialement chargé des collectivités territoriales décentralisées et est assisté de trois inspecteurs.

- une **direction des collectivités décentralisées** existe au sein de l'administration générale de ce ministère. Celle-ci est chargée de l'élaboration de la politique du gouvernement en matière de décentralisation territoriale, de l'élaboration de la législation et de la réglementation relatives aux dites collectivités, du suivi de l'application de la législation et de la réglementation, du suivi des interventions desdites collectivités, de la coopération, des intérêts des collectivités territoriales décentralisées.

- une **sous-direction de l'assistance** aux collectivités territoriales est chargée de l'assistance juridique et administrative desdites collectivités et plus particulièrement de l'assistance économique et financière.

Il y existe une brigade de contrôle des collectivités décentralisées chargée du contrôle, de l'évaluation, du fonctionnement et de la gestion desdites collectivités.

I.1.3- Les textes particuliers

D'autres textes particuliers énumèrent et détaillent les prérogatives du ministre chargé des Collectivités territoriales :

- le **conseil municipal peut être suspendu** par arrêté motivé du ministre chargé des collectivités en cas d'accomplissement d'actes contraires à la Constitution, d'atteinte à la sécurité de l'État ou à l'ordre public, de mise en péril de l'intégrité du territoire national ou l'impossibilité durable de fonctionner du conseil municipal. La suspension ne peut excéder deux (02) mois ;

- tout **membre du conseil** municipal dûment convoqué et qui sans motifs légitimes a manqué à trois (03) sessions successives, peut être déclaré démissionnaire par le Ministre chargé des collectivités territoriales après avoir été invité à fournir des explications au maire. Toutefois, cette décision dont la copie doit être envoyée à l'intéressé et au représentant de l'État, est susceptible de recours devant la juridiction. Et ledit conseiller ne peut poser sa candidature à l'élection partielle ou générale au conseil municipal qui suit immédiatement la date de sa démission d'office.

Ledit ministre peut également déclarer démissionnaire tout membre du conseil qui, sans excuse valable, a refusé de remplir ses fonctions. L'avis du conseil municipal doit être pris. Le refus résulte, soit d'une déclaration écrite adressée à qui de droit et rendue publique par son auteur, soit de l'abstention persistante après mise en demeure du ministre de tutelle des collectivités territoriales décentralisées. Ladite décision est également susceptible de recours devant la juridiction compétente.

- En cas de dissolution d'un conseil municipal ou de démission de tous ses membres et lorsqu'un conseil municipal ne peut être constitué, le ministre chargé des Collectivités territoriales nomme par arrêté une délégation spéciale et en désigne le président et le vice-président (article 53 de la loi n° 2004/18) ;

- des centres spéciaux d'état civil rattachés au centre d'état civil principal peuvent être créés par arrêté du ministre chargé des collectivités territoriales après avis du maire dans le ressort de certaines communes. Il désigne les citoyens chargés d'exercer les fonctions d'officiers d'état civil.

Le ministre chargé des Collectivités territoriales exerce aussi un véritable pouvoir disciplinaire vis-à-vis de l'exécutif municipal : « *En cas de violation des lois et règlements en vigueur ou de faute lourde, les maires et adjoints, après avoir été entendus ou invités à fournir des explications écrites sur les faits qui leur sont reprochés, peuvent être suspendus par arrêté du ministre chargé des Collectivités territoriales pour une période n'excédant pas trois (03) mois* ». Au-delà de cette période, ils peuvent être, soit réhabilités, soit révoqués (article 94 de la loi n°2004/18 du 22 juillet 2004).

Le même chef du département ministériel, tuteur des collectivités locales peut après mise en demeure, « *se substituer aux maires des communes lorsqu'une **mesure présente un intérêt communal** et dans le cas où le maire refuse ou s'abstient de poser des actes qui lui sont prescrits par la législation et la réglementation en vigueur, il y procède d'office* » (article 96 de la loi n° 2004/18). Il doit avoir été saisi par le représentant de l'État. La mise en demeure doit indiquer le délai imparti au maire pour agir.

Dans le cas où le maire ou l'adjoint au maire, pour une cause postérieure à son élection ne remplit plus les conditions requises pour être maire ou adjoint au maire (cas d'incompatibilité), il doit cesser immédiatement ses fonctions. Le ministre chargé des Collectivités territoriales saisi par le représentant de l'État enjoint le maire ou l'adjoint au maire de passer immédiatement le service à son remplaçant sans attendre l'installation de son successeur. Celui-ci est choisi au regard de l'ordre de préséance. Ledit ministre prononce sa suspension par arrêté pour une durée fixée lorsque le maire ou son adjoint refuse de démissionner, il est mis fin à ses fonctions par décret du président de la République.

Le ministre chargé des Collectivités peut également déclarer démissionnaire le maire nommé à une fonction incompatible avec son statut et qui, passé un délai de trente (30) jours, n'a pas fait une **déclaration d'option**. Après mise en demeure, en cas de refus et dans un délai maximal de quinze (15) jours, cette démission d'office peut survenir.

C'est également audit ministre que sont adressées les démissions des maires et de leurs adjoints, opérées par lettre recommandée avec accusé de réception. Il doit les accepter pour qu'elles deviennent définitives ou le cas échéant dans un **délai maximal d'un mois**.

Les pouvoirs de tutelle du ministre chargé des Collectivités territoriales s'exercent également à l'égard des régions :

Le ministre chargé des Collectivités territoriales peut créer une commission paritaire composée de délégués désignés au sein du conseil municipal pour élaborer un **projet de règlement intérieur** ; lequel règlement est rendu exécutoire par arrêté du ministre chargé des Collectivités.

Le conseil régional peut être suspendu sur proposition dudit ministre en cas d'accomplissement des actes contraires à la Constitution, d'atteinte à la sécurité de l'État ou à l'ordre public, de mise en péril de l'intégrité du territoire national ou d'impossibilité durable de fonctionner.

Le même ministre peut déclarer démissionnaire d'office tout membre du conseil régional qui « *sans excuse valable a refusé de remplir les fonctions qui lui sont dévolues* » après avis du conseil régional. Il faut de façon préalable une mise en demeure du ministre et après l'expiration des délais fixés par lui.

Il dispose d'un important droit de proposition quant au président du conseil régional

- de sa déchéance par le président de la République lorsque celui-ci refuse de démissionner quand, pour une cause postérieure à son élection, il ne remplit plus les conditions requises pour être président ou se trouve dans un des cas d'inéligibilité. Il lui enjoint de se démettre aussitôt sans attendre l'installation de son successeur ;

- de démission d'office par décret du président de la République, d'un président du conseil régional nommé à une fonction incompatible avec son mandat et qui refuserait de faire une déclaration d'option dans un délai maximal de quinze jours.

Ledit ministre reçoit la démission du président du conseil régional qui lui est adressée par lettre recommandée avec accusé de réception. Il l'accepte dans un délai maximal d'un mois après l'envoi d'une nouvelle lettre recommandée.

Il peut, dans le cas où le président du conseil régional refuse ou néglige d'accomplir un des actes qui lui sont prescrits par la législation ou la réglementation en vigueur ou « *qui s'imposent absolument dans l'intérêt de la région* », y faire procéder d'office en lieu et place de l'intéressé.

La mise en demeure est faite par tout moyen laissant trace écrite. Elle indique le délai « *imparti au président pour répondre au Ministre chargé des collectivités territoriales. Une mise en demeure restée sans effet dans le délai imparti équivaut à un silence* ».

Le ministre chargé des Collectivités territoriales peut se substituer dans les mêmes conditions aux présidents des collectivités territoriales intéressés lorsqu'il s'agit d'une mesure présentant « *un intérêt interrégional* » (article 82 de la loi n° 2004/19 du 22 juillet 2004).

Ses prérogatives sont donc nombreuses et immenses d'autant plus que le gouvernement et lui-même disposent d'instances de conseil en matière de décentralisation.

I.2- LES INSTANCES DE CONSEIL : le conseil national de la décentralisation et le comité interministériel des services locaux

Le Titre V de la loi n°2004/17 de la loi d'orientation de la décentralisation a créé deux (02) organes de suivi : le Conseil national de la décentralisation, le Comité interministériel des services locaux. Une autre loi crée le Comité national des finances locales.

I.2.1- le conseil national de la décentralisation, conseil du gouvernement

a. Ses attributions

La loi dispose que le « *Conseil National de la Décentralisation est chargé du suivi et de l'évaluation de la mise en œuvre de la décentralisation* » (article 78, alinéa 2).

Il est placé auprès du gouvernement plus particulièrement du Premier ministre.

Le Conseil national de la décentralisation est organisé par décret[1] du Président de la République.

Ce texte reconfirme les missions définies par la loi n° 2004/17 :

« *Le Conseil est chargé du suivi et de l'évaluation de la mise en œuvre de la décentralisation. À ce titre :*

- il soumet au président de la République le ***rapport annuel*** *sur l'état de la décentralisation et le fonctionnement des services locaux ;*

- il émet un avis et formule des recommandations sur le ***programme annuel*** *et le transfert de compétences et de ressources aux collectivités territoriales décentralisées, ainsi que sur les modalités desdits transferts* » (article 1er).

C'est donc un organe de suivi et certainement de conseil, important en ce temps de mise en œuvre du processus de décentralisation.

Il élabore le rapport annuel sur la décentralisation et émet un avis assorti de recommandations sur le programme annuel de transfert de ressources et de compétences.

Ses sessions de l'année 2009 sembleraient avoir été importantes pour l'accélération dudit processus.

b. Sa composition

Le Conseil national de la décentralisation est présidé par le Premier ministre chef du gouvernement. Le ministre chargé de la décentralisation en est le vice-président.

Deux (02) sénateurs désignés par le bureau du Sénat, deux (02) députés désignés par le bureau de l'Assemblée nationale et deux (02) représentants du Conseil économique et social désignés par le bureau dudit conseil en font partie.

Plusieurs membres du gouvernement en font également partie :

- ceux chargés du développement : Finances, Économie, Planification et Aménagement du territoire, Eau et Énergie, Développement urbain, Travaux publics, Domaines et Affaires foncières, Agriculture et Développement rural.

---

[1] Voir décret n° 2008/013 du 17 janvier 2008 portant organisation du Conseil national de la décentralisation

- ceux chargés des secteurs sociaux : Enseignements secondaires, Jeunesse, Santé publique, Sports et Éducation physique, Emploi et Formation professionnelle, Enseignement de base, Fonction publique et Réforme administrative.

Le président du conseil national peut inviter toute personne à participer aux travaux en conseil en raison de ses compétences sur les points inscrits à l'ordre du jour.

c. Son fonctionnement

Le conseil national de la décentralisation se réunit en **session ordinaire** deux (02) fois par an et en **session extraordinaire** aussi souvent que nécessaire sur convocation de son président qui est le Premier ministre.

Les convocations accompagnées de l'ordre du jour et les documents à soumettre à l'examen du conseil doivent être adressés aux membres au moins quinze (15) jours avant la date de la réunion.

Les frais de fonctionnement du conseil sont supportés par le budget des services du Premier ministre.

Le conseil dispose d'un secrétariat permanent placé sous la coordination d'un secrétaire permanent.

Les dossiers soumis à l'examen du conseil sont préparés par le secrétariat permanent sous la supervision du secrétaire général des services du Premier ministre en liaison avec le secrétariat technique permanent du conseil national.

Un arrêté du Premier ministre fixe l'organisation et le fonctionnement du secrétariat permanent.

I.2.2- Le comité interministériel : organe intergouvernementale de concertation

a. Sa composition

Le comité est un organe de concertation interministérielle placé sous l'autorité du ministre chargé de la Décentralisation.

Il est composé du ministre chargé de la Décentralisation qui le préside, d'un représentant du secrétariat général de la Présidence, d'un représentant du secrétariat général des services du Premier ministre, d'un représentant du ministère chargé de la Décentralisation, de deux (02) représentants des régions, de deux (02) représentants des communes, de deux (02) représentants des communautés urbaines, de deux représentants des chambres consulaires, de deux représentants de la société civile et de plusieurs représentants de ministères intéressés : Affaires sociales, Agriculture et Développement rural, Commerce, Culture, Développement urbain et Habitat, Domaines et Affaires foncières, Finances, Éducation de base, Élevage, Pêches et Industries animales, Emploi et Formation professionnelle, Énergie et Eau, Enseignements secondaires, Environnement et Protection de la nature, Fonction publique et Réforme administrative, Industrie, Mines et Développement technologique, Jeunesse, Justice, Économie, Planification et Aménagement du territoire, Petites et moyennes entreprises, Promotion de la femme et de la famille, Santé publique, Sports et Éducation physique, Tourisme, Transports, Travail et Sécurité sociale, Tourisme, Travaux publics…

La composition du Comité interministériel des services locaux est constatée par le Ministre chargé de la Décentralisation.

Les membres désignés par les administrations et organismes auxquels ils appartiennent ou qui en assurent la tutelle.

Lorsqu'un membre perd la qualité au titre de laquelle il siège au sein du comité, il cesse d'en être membre.

Le président peut inviter toute personne à participer aux réunions du comité en raison de ses compétences sur les points inscrits à l'ordre du jour.

Le ministre chargé de la Décentralisation constate par arrêté la composition du comité.

Le comité peut constituer des comités *ad hoc* pour les travaux ou études sur des questions déterminées.

b. Son fonctionnement

Le comité se réunit en session ordinaire ou moins une fois par trimestre et en session extraordinaire aussi souvent que nécessaire sur convocation du président.

Les convocations, accompagnées de l'ordre et des documents à soumettre à l'examen du comité, doivent être adressées aux membres au moins sept (07) jours avant la date de la réunion du comité.

À l'issue de la réunion du comité, son président adresse un rapport au Conseil national présidé par le Premier ministre chef du gouvernement.

c. les attributions du comité interministériel des services locaux

Le Comité interministériel des services locaux dispose d'un secrétariat technique permanent pour l'accomplissement de ses missions.

Celui-ci est placé sous la coordination du directeur chargé des collectivités territoriales décentralisées.

Il est chargé :

- du **courrier du comité** : réception, enregistrement et ventilation du courrier, expédition des correspondances émanant du comité ;

- de **la mise en état des dossiers** à soumettre à l'examen du comité et du Conseil national de la décentralisation ;

- du **suivi et de l'évaluation** de la mise en œuvre des directives et des recommandations du comité ;

- de la **préparation des rapports d'activités** et des programmes d'action du comité ;

- de la **conservation des documents** et archives du comité ;

- de **l'exécution** de toutes autres missions à lui confiées par le comité.

Une décision du ministre chargé de la Décentralisation fixe la composition et, les modalités d'organisation et de fonctionnement du secrétariat technique permanent.

Les fonctions de président, de membre du comité et du secrétariat technique permanent sont gratuites.

Il leur est alloué, ainsi qu'aux personnes invitées à titre consultatif des frais de session dont les montants sont fixés par le ministre chargé de la Décentralisation

I.2.3- Le comité national de finances locales

1. la loi n° 2009/011 du 10 juillet 2009 portant régime financier des collectivités territoriales décentralisées a créé un Comité national des finances locales (article 109).

2. Celui-ci est chargé de la mobilisation optimale des recettes des collectivités territoriales ainsi que de la bonne gestion des finances locales.

3. Un texte réglementaire à intervenir déterminera l'organisation et le fonctionnement de cet organisme.

II. LA TUTELLE DE L'ÉTAT AU NIVEAU LOCAL : le gouverneur et le préfet

La constitution (loi n° 2008/001 du 14avril 2008) dispose : « *Dans la région, un délégué nommé par le Président de la République représente l'État. À ce titre, il a la charge des intérêts nationaux, du contrôle administratif, du respect des lois et règlements et du maintien de l'ordre public ; il supervise et coordonne sous l'autorité du Gouvernement, les services des administrations civiles de l'État dans la région* ».

II.1- LA TUTELLE DU GOUVERNEUR SUR LA RÉGION

1. Le gouverneur est « *le délégué de l'État dans la région* » déclare l'article 67 de la loi n° 2004/17 du 22 juillet 2004.

À ce titre, il a la charge des intérêts nationaux, du contrôle administratif, du respect des lois et règlements, et du maintien de l'ordre public.

Il supervise et coordonne sous l'autorité du gouvernement les services des administrations civiles de l'État dans la région.

En bref, il est le tuteur de la région au nom du gouvernement.

2. Ce rôle général de tuteur qui lui est dévolu est explicité par divers textes.

Le décret n° 2008/377 du 12 novembre 2008 (article 3) dit que le Gouverneur et le Préfet sont dans la région et le département respectivement représentants du Président de la République, du Gouvernement et de chacun des ministres.

L'article 4 fait du gouverneur le dépositaire de l'autorité de l'État dans la région. C'est un haut fonctionnaire nommé par décret du Président de la République.

L'article 12 du même texte précise que *« le Gouverneur exerce les pouvoirs de tutelle de l'État sur la Région et les établissements publics régionaux conformément à la législation et la réglementation en vigueur.*

Il rend compte périodiquement au président de la République par voie hiérarchique de son action de coordination.

Le Gouverneur dispose dans ses attributions d'importantes responsabilités en matière de sûreté intérieure et extérieure :

Il peut en cas d'atteinte à la sûreté intérieure ou extérieure de l'État ou à l'ordre public, accomplir personnellement, ou requérir tout agent ou toute autorité compétente d'accomplir tous les actes nécessaires à l'effet de constater les crimes et les délits et d'en livrer les auteurs aux tribunaux, dans les formes et délais impartis par les textes en vigueur ».

D'autres attributions du gouverneur au titre de représentant de l'État sembleraient promises à un grand et utile usage en matière de tutelle :

- il y a d'abord **le pouvoir de représenter la région dans tous les actes de la vie civile et en justice** (article 4 du décret n° 2008/377). Il est dit à ce propos par la loi (2004/17 article 71, alinéas 1 et 2) que le représentant de l'État porte à la connaissance du président du conseil régional ou du maire par tout moyen laissant trace écrite, des illégalités relevées à l'encombre de l'acte ou des actes qui lui sont communiqués. Il y est précisé « *qu'il défère à la juridiction administrative compétente les actes qu'il estime entachés d'illégalités* » dans un délai maximal d'un mois à compter de la date de leur réception.

La juridiction administrative saisie est tenue de rendre sa décision dans un délai maximal d'un mois.

Par ailleurs, il dispose *« d'une inspection générale des services »* chargée de toutes les autres missions de contrôle, d'inspection, d'évaluation des services publics et organismes implantés dans la région.

3. D'autres dispositions spéciales précisent le rôle de tutelle du gouverneur dans la région.

La loi d'orientation de la décentralisation retient plusieurs prérogatives :

Le Gouverneur, représentant de l'État, peut prendre le cas échéant des mesures conservatoires appropriées en cas de violation par la région de la réglementation sur les transferts de compétences et de délibération sur un objet étranger à ses compétences ou portant atteinte à la sécurité de l'État, à l'ordre public, à l'unité nationale ou à l'intégrité du territoire (article 14 de la loi n° 2004/17). Le ministre chargé des Collectivités territoriales par la suite constate la nullité de la délibération.

Le Gouverneur au même titre émet son avis sur les demandes de mise à disposition, d'affectation ou de détachement des fonctionnaires et autres agents de l'État auprès des collectivités territoriales (article 19 de la loi n° 2004/17, alinéa 3).

Il établit de façon contradictoire le **procès-verbal de dévolution de biens** immeubles ou meubles entre l'État et la collectivité territoriale bénéficiaire (article 20 de la loi n° 2004/17).

Il **approuve la délibération du conseil régional** d'acquisition des actions ou obligations des sociétés chargées d'exploiter les services locaux (article 35 de la loi n° 2004/17).

Il **a autorité sur les services déconcentrés de l'État** dans la région sous réserve des pouvoirs propres du président de la République (article 67 de la loi n° 2004/17).

Il est **seul habilité à s'exprimer au nom de l'État** devant les conseils des collectivités locales de la région, donc devant le conseil régional concerné (article 67 de la loi n° 2004/17, alinéa 5).

Le Gouverneur **réceptionne les actes pris par la région et en délivre accusé de réception**. La preuve peut en rapporter par tout moyen (article 68 de la loi n° 2004/17).

Il doit donner son approbation préalable sur certains actes pris dans les domaines suivants : budgets initiaux annexes, comptes hors budgets, autorisations spéciales de dépenses, emprunts et garanties d'emprunts, convention de coopération internationale, affaires domaniales, garanties de prises de participation, conventions relatives à l'exécution, au contrôle des marchés publics sous réserve des services de compétence déterminés par la réglementation en vigueur, recrutements de certains personnels…

Le Gouverneur accorde le visa aux plans régionaux et communaux de développement et d'aménagement du territoire, question de vérifier leur compatibilité avec les plans nationaux.

La loi n° 2004/19 du 22 juillet dispose que les délibérations du conseil régional sont conservées dans un registre coté et paraphé par le représentant de l'État, c'est-à-dire par le Gouverneur de la région (article 46).

La copie de la démission d'office de tout membre du conseil régional ayant manqué sans motifs légitimes à trois (03) sessions successives du conseil régional est adressée au gouverneur. Elle est susceptible de recours devant la juridiction compétente.

Suivant la même loi, le Gouverneur, représentant de l'État, assure la coordination de l'action des services régionaux et celle des services de l'État dans la région en rapport avec le président du conseil régional.

Il tient une conférence d'harmonisation au moins deux (02) fois sur les programmes d'investissement de l'État et de la région. Le président du conseil régional et les membres du bureau régional y assistent.

II.2- LA TUTELLE DU PRÉFET SUR LES COMMUNES

1. La constitution camerounaise est muette sur le rôle explicite du préfet alors qu'elle développe celui du représentant de l'État dans la région.

Par contre, l'article 67, de la loi n° 2004/17 d'orientation de la décentralisation est explicite et loquace :

« *(1) Le Préfet assure la tutelle de l'État sur la commune.*

(2) Le Gouverneur et le Préfet sont les représentants du Président de la République dans leur circonscription administrative.

(3) Ils représentent également le Gouvernement et chacun des ministres et ont autorité sur les services déconcentrés de l'État de leur circonscription » (article 67 de la loi n° 2004/17).

2. Comme le Gouverneur, il est seul habilité à s'exprimer au nom de l'État devant les conseils des collectivités territoriales de sa circonscription : conseils des communautés urbaines et conseils municipaux.

3. Il exerce à son niveau toutes les prérogatives de contrôle et de respect de la légalité, du maintien de l'ordre et d'action en justice.

Ainsi, il approuve de façon préalable les actes pris dans leurs domaines de compétences par les conseils municipaux et les conseils des communautés urbaines : budgets initiaux et budgets annexes, autorisations de dépenses, d'emprunts, conventions de coopération internationale, affaires domaniales, conventions d'exécution ou de contrôle des marchés publics, recrutements, (article 70).

Le Préfet est « gouverneur » dans son département et pour les communes de cette circonscription régionale.

4. Le Préfet est un haut fonctionnaire nommé par décret du président de la République. Il est le dépositaire de l'autorité de l'État dans le département.

Il est placé sous l'autorité directe du gouverneur. Il réside au chef-lieu du département.

Il est investi, pour le compte du gouvernement, d'une mission permanente et générale d'information et de coordination en matière de sécurité, de développement économique social et culturel. Il assure le bon fonctionnement des services déconcentrés de l'État.

Il contrôle les instances de coordination.

Le Préfet dispose des forces de police, de gendarmerie et de l'armée dans les conditions fixées par les textes.

Il peut surtout, « *en cas d'atteinte à la sûreté intérieure ou extérieure de l'État ou à l'ordre public, accomplir personnellement ou requérir tout agent ou toute autorité compétente de faire tous les actes nécessaires à l'effet de constater les crimes et les délits et d'en livrer les auteurs aux tribunaux, dans les formes et délais impartis par les textes* ».

Le Gouverneur dispose à l'échelle de la région des mêmes prérogatives.

Le service du développement local assiste le Préfet dans l'exercice de la tutelle de l'État sur les communes et les établissements communaux et sert d'appui conseil en vue du fonctionnement harmonieux des communes et de leurs établissements.

Le secrétaire général des services du gouverneur assure de plein droit les fonctions de préfet lorsque dans une région, un département se trouve dépourvu de préfet.

II.3- LES PARTENARIATS D'ACCOMPAGNEMENT ET D'APPUI A LA DÉCENTRALISATION

Les partenaires d'appui et d'accompagnement de la décentralisation sont nombreux et divers : le **CEFAM** en matière de formation (Centre de formation de l'administration municipale), le **FEICOM** (Fonds spécial d'équipement et d'intervention intercommunale) en matière de financement et de nombreux autres programmes d'appui à la décentralisation **PNDP** (Programme national de développement participatif), **PACDDU** (Programme d'appui aux capacités décentralisées de développement urbain), **PADDL** (Programme d'appui à la décentralisation et au développement local).

II.3.1- Le Centre de formation de l'administration municipale (CEFAM)

Le décret n° 77/494 du 7 décembre 1977 porte organisation du Centre de formation de l'administration municipale (CEFAM) installé à Buea, chef-lieu de la région du Sud-ouest.

C'est un établissement public de formation doté de la personnalité juridique et de l'autonomie financière. Il est placé sous l'autorité du ministre de l'Administration territoriale.

Il a pour but d'assurer la formation, le perfectionnement et le recyclage des personnels administratifs et techniques de communes, syndicats de communes et établissements communaux ; il s'occupe aussi des personnels chargés de la tutelle des communes et des personnels chargés des services d'état civil.

Il peut organiser des colloques, des séminaires ou des conférences sur les problèmes communaux. L'enseignement comprend trois (03) cycles, le cycle des cadres de l'administration municipale, le cycle destiné à la formation des agents des services communaux et le cycle destiné au recyclage et au perfectionnement des uns et des autres.

Les élèves des cycles de formation sont recrutés sur concours et l'admission est subordonnée à l'obtention d'une moyenne de 10/20 (dix sur vingt).

Le centre est administré par un conseil de direction, une direction et un conseil de discipline.

Le conseil de direction est présidé par le ministre de l'Administration territoriale. Il comprend deux (02) représentants des municipalités un représentant du corps enseignant, le directeur administratif du FEICOM, et les représentants de diverses administrations (services du Premier ministre, Fonction publique, Éducation, Finances et le direction de collectivités locales).

Il connaît de tous les problèmes de gestion, d'administration et de pédagogie du centre. Il émet son avis sur les programmes de formation.

Il arrête le budget qui est rendu exécutoire par le ministre chargé de l'Administration du territoire.

Il se réunit au moins trois (03) fois par an.

Le centre est dirigé par un directeur ayant rang de directeur de l'administration centrale éventuellement assisté d'un adjoint chargé des études.

La direction comprend deux services : un service de pédagogie et un service administratif et financier.

Le conseil de discipline détermine les sanctions à infliger aux élèves reconnus coupables de manquements graves à la discipline. Il est l'instance disciplinaire supérieure du centre, présidée par un représentant du ministre de l'Administration du territoire.

Il institue par ailleurs une commission financière auprès du centre. Elle dispose de tous les pouvoirs d'investigation tant sur pièces que sur place pour le contrôle général et permanent de la gestion financière du centre.

Un inspecteur d'État préside cette commission financière par ailleurs composée d'un représentant de l'Administration territoriale et d'un autre du ministère des Finances.

Plusieurs cadres d'encadrement des administrations communales, particulièrement, les secrétaires généraux des mairies, sont sortis de cet établissement.

Le CEFAM est promis à devenir un centre de formation en administration décentralisée.

II.3.2- Le Fonds spécial d'équipement et d'intervention intercommunale (FEICOM)

Le FEICOM constitue le partenaire financier privilégié des communes.

Cet organisme a été créé par la loi n° 74/23 du 5 décembre 1974 portant organisation communale (article 91) et ses modalités de fonctionnement ont été précisées ultérieurement (décret n° 77/85 du 22 mars 1977).

a. Le fonctionnement du FEICOM

La loi qui fonde le FEICOM dispose qu'il est destiné à l'entraide entre les communes et aux travaux d'investissements communaux ou intercommunaux (article 91). Le texte de 1977 qui « *fixe ses modalités de fonctionnement y a ajouté la couverture des frais d'assiette et des charges de recouvrement des recettes fiscales dont les communes perçoivent la totalité et celle des frais relatifs à la formation du personnel communal et du personnel d'état civil* » (article 2 du décret n° 77-85 du 22 mars 1977).

Le FEICOM est alimenté par :

« *- les cotisations des communes à raison de 10% du produit de l'impôt forfaitaire, des contributions des patentes et licences et de la taxe sur le bétail ;*

- les subventions de l'État ;

- les ristournes consenties par les caisses de stabilisation sur la vente des produits de base conformément à la loi ;

- la totalité de la taxe douanière municipale ;

- 5% de la taxe de transit du bétail ;

- 50% des centimes additionnels communaux à l'impôt sur les sociétés et le chiffre d'affaires ;

- 50% de la taxe de stationnement ;

- 50% de la taxe de transhumance ;

- toutes autres ressources éventuelles qui lui sont attribuées » (article 3 du décret n° 77/85).

Le produit des centimes additionnels communaux est encaissé en ce qui concerne le FEICOM par l'agent comptable du FEICOM et reversé trimestriellement par le trésorier payeur général de rattachement. Il fait l'objet d'un ordonnancement trimestriel par arrêté du ministre chargé de l'Administration territoriale[1].

L'agence comptable du FEICOM est placée sous l'autorité d'un agent comptable assisté d'un fondé de pouvoirs ayant rang de chef de service d'administration centrale.

Elle comprend un service de recouvrement et un service de la comptabilité et du contrôle et une caisse.

Le service de recouvrement est chargé de la mise à jour de la dette des communes et de l'étude des moyens de recouvrement comme des programmes des missions de recouvrement et de l'établissement des situations des centimes additionnels communaux.

---

[1] Voir article 5 du décret n° 98/263/PM du 12 août 1998 et l'arrêté conjoint n° 36/MINAT/MINFI du 13 mars 1996.

Le service de la comptabilité et du contrôle des dépenses est chargé de la tenue des livres comptables et du contrôle des dépenses ainsi que de la gestion de la trésorerie.

b. L'organisation du FEICOM

La réorganisation du FEICOM. Le décret n° 2000/365 du 11 décembre 2000 portait réorganisation du FEICOM.

Il est placé sous la **double tutelle** du ministre chargé des Collectivités territoriales décentralisées (tutelle technique et administrative) et du ministre chargé des Finances (tutelle financière).

Il est administré par deux (02) organes : le conseil d'administration et la direction générale.

b.1- Le conseil d'administration

Le conseil d'administration se substitue au comité de gestion. Il est présidé par une personnalité nommée par le président de la République. Il comprend un représentant de la présidence de la République, un représentant des services du Premier ministre, un représentant du ministère chargé des Collectivités territoriales décentralisées, un représentant du ministère des Finances, un représentant du ministère chargé de l'Urbanisme, du ministère chargé de la Ville, un représentant des associations des communes et villes et un représentant du personnel.

Ces membres sont nommés par décret du président, sur proposition des administrations et des organismes socioprofessionnels à la diligence du ministre de tutelle.

Leur mandat a une durée de trois (03) ans.

Les membres sont assujettis à l'obligation de discrétion pour les informations et actes dont ils ont connaissance dans l'exercice de leurs fonctions.

Le président et les membres du conseil d'administration sont soumis aux mesures restrictives et d'incompatibilités prévues par la législation en vigueur.

« Le Conseil d'Administration dispose des pouvoirs les plus étendus pour administrer le FEICOM, définir et orienter sa politique générale et évaluer sa gestion » (article 10 du décret n° 2000/365 du 11 décembre 2000).

Ses attributions sont dès lors très diverses. À ce titre, le conseil d'administration fixe les objectifs et approuve le programme d'action annuel du FEICOM. Il approuve sur proposition du directeur général, l'organigramme, le règlement intérieur, la grille des rémunérations et les avantages du personnel.

Il adopte le budget du FEICOM et arrêté les comptes et états financiers annuels.

Il nomme aux postes de responsabilité à partir du rang de directeur adjoint et assimilés.

Il approuve les recrutements et licenciements du personnel d'encadrement relevant du Code du travail.

Il accepte tous dons, legs et subventions.

Il approuve les contrats de performance ou toutes autres conventions y compris les emprunts.

Il autorise les participations dans les associations, groupements ou autres organismes professionnels dont l'activité est nécessairement liée au financement des activités des communes.

Il peut à tout moment procéder aux contrôles relatifs au fonctionnement ou à la gestion du FEICOM.

Il suit la mise en œuvre des projets financés par le FEICOM et reçoit périodiquement à cet effet des comptes rendus du directeur général.

Le conseil d'administration peut déléguer certains de ses pouvoirs au directeur général qui rend compte, en tant que de besoin, de l'utilisation de cette délégation.

Le président du conseil d'administration convoque et préside les réunions du conseil. Il veille à l'application de ses résolutions. Le conseil peut en cas d'empêchement de son président, désigner un président de séance à la majorité simple de ses membres. Il peut inviter toute personne en raison de ses compétences sur une question inscrite à l'ordre du jour de la session à prendre part aux travaux du conseil avec voix consultative.

Le secrétariat du conseil d'administration est assuré par la direction générale du FEICOM.

Le conseil d'administration se réunit en session ordinaire deux (02) fois par an sur convocation de son président dont une fois pour le vote du budget et une fois pour arrêter les états financiers.

Il peut se réunir en session extraordinaire à l'initiative de son président ou à la demande d'un tiers (1/3) au moins des membres du conseil d'administration.

Deux tiers (2/3) des membres peuvent aussi demander l'inscription à l'ordre du jour d'une question.

Après constat du refus du président ou de son silence, les membres concernés adressent une nouvelle demande au ministre chargé des Finances qui procède à la convocation du conseil d'administration selon les mêmes règles de forme et de délai.

Le président du conseil qui ne convoque pas deux (02) séances du conseil par an est défaillant. Dans ce cas, le tiers (1/3) de ses membres ou le ministre chargé des Finances peut prendre l'initiative de convoquer le conseil d'administration sur ordre du jour déterminé.

Les convocations sont faites par télex, télégramme télécopie ou par tout autre moyen laissant trace écrite. Elles sont adressées aux membres quinze (15) jours au moins avant la date prévue pour la réunion. Elles indiquent l'ordre du jour et le lieu de la réunion.

Le conseil ne délibère valablement sur toute question écrite à son ordre du jour que si les deux tiers (2/3) au moins de ses membres sont présents ou représentés. Ce quorum est ramené à la moitié des membres à une seconde convocation.

Les décisions du conseil d'administration sont prises à la majorité simple des voix des membres présents ou représentés.

Les délibérations du conseil d'administration font l'objet d'un procès-verbal signé par le président du conseil ou de séance et le secrétaire.

Le procès-verbal mentionne en outre les noms des membres présents ou représentés ainsi que des personnes invitées à titre consultatif.

Le procès-verbal est lu et approuvé par le conseil à sa prochaine séance.

Les procès-verbaux sont enregistrés et consignés dans un registre spécial tenu au siège du FEICOM.

b.2- La direction générale

La direction générale constitue l'autre organe de direction du FEICOM.

Elle est placée sous l'autorité d'un directeur général qui s'est substitué au directeur administratif. Il est assisté d'un directeur général adjoint, et ils sont tous deux nommés par décret du président de la République pour un mandat de trois (03) ans renouvelable deux (02) fois.

Le directeur général est chargé de la gestion et de l'application de la politique générale du FEICOM sous le contrôle du conseil d'administration à qui il rend compte.

Il est aujourd'hui investi d'immenses pouvoirs de gestion et d'administration.

À ce titre, il prépare le budget les états financiers annuels et les rapports d'activités. Il assure la direction technique et administrative du FEICOM. Il prépare les délibérations du conseil d'administration, assiste avec voix consultative à ses réunions et exécute ses décisions.

Il est donc l'exécutif dirigeant du FEICOM.

Il recrute, nomme et licencie le personnel, sous réserve des prérogatives reconnues au conseil d'administration.

Il fixe la rémunération et les avantages du personnel dans le respect des lois et règlements en vigueur, du règlement intérieur, des prévisions budgétaires et des délibérations du conseil d'administration.

Il gère les biens meubles et immeubles, corporels et incorporels de l'établissement dans le respect de son objet.

Il prend en cas d'urgence toute mesure conservatoire nécessaire à la bonne marche du FEICOM, à charge d'en rendre compte au conseil d'administration qui le rend définitif et, en attendant la nomination d'un nouveau directeur général, l'intérim du directeur général adjoint n'est pas automatique. Le conseil d'administration prend toutes les dispositions pour assurer la bonne marche du FEICOM.

Le décret n° 2000/365 du 11 décembre 2000 édicte quelques règles relatives au régime financier du FEICOM.

Les ressources sont constituées, comme il a été précédemment décrit, de :

- contributions des communes à raison de 10% du produit de l'impôt libératoire, du produit des patentes, des licences et de la taxe sur le bétail ;

- 50% de la taxe de stationnement ;

- 50% de la taxe de transhumance ;

- 50% de la taxe de transit du bétail ;

- 20% des centimes additionnels communaux ;

- les subventions et ristournes consenties par l'État ;

- les emprunts ;

- toutes autres ressources éventuelles qui lui sont attribuées au regard de ses missions.

Dans les textes précédents, il était précisé que les fonds du FEICOM sont des deniers publics.

Les biens du domaine public ou du domaine national ainsi que les biens du domaine privé de l'État transférés en jouissance au FEICOM conformément à la législation domaniale, conservent leur statut d'origine.

Le budget annuel et les plans d'investissement du FEICOM sont préparés par le directeur général. Ils sont adoptés par le conseil d'administration et transmis pour approbation au ministre chargé des Finances.

Le budget du FEICOM doit être équilibré en recettes et dépenses qui doivent être inscrites au budget soumis au conseil d'administration.

Les ressources du FEICOM peuvent être déposées dans un compte bancaire.

Toutefois, l'engagement, la liquidation, le mandatement et le paiement des sommes déposées dans ce compte s'effectuent conformément aux règles de la comptabilité publique d'administration.

Le directeur général représente le FEICOM dans tous les actes de la vie civile et en justice.

Il peut déléguer une partie de ses pouvoirs.

Le directeur est responsable devant le conseil d'administration. Celui-ci peut le sanctionner en cas de faute grave de gestion ou de comportement susceptible de nuire à la bonne marche ou à l'image du FEICOM. Le conseil est tenu de respecter la réglementation en vigueur.

Le directeur général établit à la fin de chaque exercice budgétaire tous les états financiers relatifs à la situation de tous les comptes bancaires, des comptes de dépôt de ce portefeuille.

Il établit également les inventaires ainsi que l'état des créances et des dettes.

Il présente au conseil d'administration et selon le cas, au ministre chargé des Finances et au ministre de tutelle technique, des situations périodiques et un rapport annuel d'activités.

Il présente également dans les six (06) mois suivant la clôture de l'exercice budgétaire, les états financiers annuels, le rapport d'exécution du budget de l'exercice écoulé et le rapport sur l'état du patrimoine du FEICOM.

Le ministre des Finances suit particulièrement la gestion et les performances du FEICOM.

Il peut demander, en raison de l'importance économique et sociale du FEICOM, la production d'états financiers avec une périodicité inférieure à un exercice.

Par ailleurs, le FEICOM adresse au dit ministre tous les documents et informations relatifs à sa vie. Ceux-ci doivent être tenus à la disposition des actionnaires ou des administrateurs, notamment les rapports d'activités, les rapports des contrôleurs financiers ainsi que les états financiers annuels.

La rémunération et les avantages divers du directeur général et du directeur général adjoint sont fixés par le conseil d'administration à la majorité des deux tiers (2/3) de ses membres et dans le respect des plafonds prévus par la réglementation en vigueur.

Le directeur général en cas d'empêchement temporaire n'excédant pas deux (02) mois prend toutes les dispositions nécessaires pour assurer la bonne marche du service.

L'Agent Comptable enregistre toutes les recettes et toutes les dépenses du FEICOM. Il contrôle la régularité des autorisations de recette, des mandatements et des paiements ordonnés par le directeur général.

Les dépenses sont payées par l'agent comptable.

Un contrôleur financier est chargé du contrôle de la régularité des opérations financières. Il a pour mandat de vérifier les valeurs, la régularité et la sincérité des états financiers ainsi que des informations contenues dans les rapports des organes statutaires du FEICOM.

Il faut noter en fin de compte que le FEICOM peut employer le personnel recruté directement, des fonctionnaires en détachement, les agents de l'État relevant du Code du travail.

Sous réserve des dispositions du statut général de la Fonction publique relative à la situation de détachement (avancement, retraite), les fonctionnaires et agents de l'État en poste au FEICOM relèvent de la législation du travail et des textes particuliers du FEICOM.

Les conflits de travail entre le personnel et le FEICOM relèvent de la compétence des juridictions de droit commun.

Et les personnels du FEICOM ne doivent en aucun cas être salariés et bénéficier d'une rémunération sous quelque forme que ce soit, d'un autre organisme.

Ils ne peuvent avoir un intérêt dans les opérations financées par le FEICOM.

Les services du FEICOM se sont fortement étoffés en vaste administration centrale et périphérique[1].

Les services rattachés à la direction générale comportent le cabinet, le secrétariat du directeur général adjoint, l'inspection générale des services, la cellule des études, des programmes et des statistiques, la cellule informatique, le service du courrier, celui de la traduction et le service interne de la sécurité.

Les services centraux comprennent cinq (05) directions (projets d'architectures, infrastructures et urbanisme, concours financiers, finances et matériel, ressources humaines) et deux divisions (affaires juridiques et contentieux, coopération communication et documentation).

Le FEICOM dispose aussi de services extérieurs à Yaoundé, Douala, Bafoussam, Bamenda, Bertoua, Buea, Ebolowa, Garoua, Maroua, Ngaoundéré, bref dans chaque chef-lieu de région.

Ces agences coordonnent les activités du FEICOM au niveau local.

---

[1] Voir pour plus de détails décision n° 1691/FEICOM/CA du 31 décembre 2008 (4e session extraordinaire du conseil d'administration 31 décembre 2002).

c. L'action du FEICOM

L'action d'appui du FEICOM aux communes est **très forte et essentielle**. C'est la banque des communes.

Le comité des concours financiers du FEICOM (CCFF) a accordé un montant de vingt milliards quatre cent soixante-seize millions huit cent cinquante-cinq mille six cent deux francs (20 476 855 602 Fcfa) de financements durant l'exercice 2005-2006.

Ces financements se sont étendus à tout le territoire national et à toutes les régions du pays.

Par ailleurs, la répartition typologique des projets révèle l'importance accordée à certains secteurs : équipements de fonction (27%), électrification (22,50%), adduction d'eau (19,91%) et équipements éducatifs (12%)[1].

Le FEICOM travaille également en partenariat grâce à des **conventions cadres de collaboration**.

II.3.3- Les autres partenaires d'appui et d'accompagnement à la décentralisation

De nombreux autres « partenaires » sont impliqués ou interviennent comme structures d'appui et d'accompagnement dans le processus de la décentralisation.

a. Le Programme national de développement participatif (PNDP)

Le PNDP a eu pour but premier de mettre en œuvre des mécanismes visant à responsabiliser les communes rurales et les associations constituées au sein des communautés rurales pour leur donner les moyens d'une participation effective au processus de développement[2]. Il est placé au ministère des Affaires économiques, de la Programmation et de l'Aménagement du territoire. Il est plus tard présenté comme un outil d'accompagnement de la décentralisation et de mécanisme de prise en

---

[1] Voir annexes n° II :
- répartition géographique des financements ;
- typologie des projets financés par le CCFF ;
- diagramme de répartition typologique des projets financés par le CCFF.

[2] Voir Arrêté n° 002/PM du 9 janvier 2004 portant organisation du cadre institutionnel d'exécution du Programme national de développement participatif.

charge effective du développement des communes des zones rurales[1] placé sous la supervision du ministère en charge de la Planification.

Ses organes de délibération sont constitués aux niveaux communal et national.

Il y a d'abord le Conseil municipal élargi aux sectoriels (COMES) qui donne un avis technique sur le programme soumis au financement et qui valide des études de faisabilité. Au niveau national, le Comité national d'orientation et de pilotage, chargé de l'orientation et du pilotage du programme. Il assure l'exécution et examine le plan de travail et les budgets annuels du programme.

Il existe par ailleurs des organes de coordination et d'exécution : exécutif municipal au niveau communal, Cellule régionale de coordination du programme (CRC) qui constitue le maillon intermédiaire du système ; Cellule nationale de coordination (CNC) qui est suivi par une direction chargée de l'appui du développement local et régional.

Le PNDP déploie ses activités dans six des dix provinces.

Les bénéficiaires directs des interventions du PNDP sont les communes rurales, les communautés et les administrations impliquées dans la décentralisation.

Ces interventions portent sur la réforme de la fiscalité, des finances et du domaine des collectivités locales, le renforcement des capacités opérationnelles des communes, le renforcement des capacités de l'administration en matière de décentralisation. S'y ajoute le programme de gouvernance urbaine.

Une convention cadre de collaboration lie le programme et le Fonds spécial d'équipement et d'intervention intercommunale.

Le FEICOM s'engage à financer la contribution des communes bénéficiaires après étude, sous forme d'une avance de trésorerie conformément à son code de procédure interne. Il participe comme bailleur de fonds aux côtés du PNDP : 15% du coût global du projet communal.

Et le PNDP, en tout état de cause, offre un apport au financement qui ne peut dépasser les 90% du coût global du projet collectif.

---

[1] Arrêté n° 229/CAB/PM du 07 octobre 2009 portant réorganisation du PNDP.

Le PNDP et le FEICOM procèdent ensemble au suivi d'exécution ou au contrôle technique des projets communaux ainsi arrêtés. Ce suivi fait l'objet d'un rapport trimestriel conjoint PNDP/FEICOM.

Cette convention d'une durée de douze (12) mois est renouvelable par tacite reconduction.

b. Le Programme de gouvernance urbaine (PGU)

Le PGU est mis en œuvre par le gouvernement camerounais avec l'appui du PNUD et de l'ONU/Habitat. Il vise à asseoir les conditions nécessaires au bien-être des populations urbaines dans la dynamique de la décentralisation[1] et, aider à une meilleure gouvernance des communautés.

Ces objectifs découlent de la déclaration de stratégie urbaine adoptée en 1999 par le Cameroun. Celle-ci affirme la gouvernance locale, comme moyen efficace de gestion des sociétés urbaines. Il s'agit de renforcer la capacité des élus locaux à diriger les communes par des formations spécifiques sur le leadership local et la gestion municipale, la lutte contre la pauvreté et l'amélioration du cadre de vie.

c. Le Programme d'appui aux capacités décentralisées de développement urbain (PACDDU)

Le PACDDU s'inscrit dans le cadre de la lutte contre la pauvreté. Il finance en priorité les programmes de développement local grâce à des agences de coopération qui s'investissent dans le développement décentralisé.

Son objectif est l'amélioration durable des conditions de vie de la population urbaine par la réalisation des investissements orientés vers le développement.

Le PACCDU intervient aujourd'hui dans cinq villes secondaires du Cameroun (Maroua, Bafoussam, Foumban, Ngaoundéré et Bamenda).

Les secteurs de l'habitat, des équipements, des services urbains de l'environnement, le financement du fonctionnement et le développement urbain, sont privilégiés. Les trois (03) composantes des projets sont « institution », « investissements » et « participation et concertation ».

---

[1] Voir note interne de la direction de la coopération (MINPLADAT).

d. Le Programme d'appui à la décentralisation et au développement local (PADDL)

Le PADDL est conduit avec l'aide la coopération allemande sous la tutelle du ministère de l'administration territoriale et de la décentralisation.

Il comporte quatre (04) composantes :

- appuis aux collectivités décentralisées dans la planification et la mise en œuvre du processus de développement local ;

- promotion de l'économie locale par le renforcement des chaînes de valeur ajoutée ;

- appui à la gestion des relations de coopération entre collectivités territoriales décentralisées, administration déconcentrée, prestataires de services privés et publics ;

- appui à l'adaptation des conditions cadres pour la promotion d'un développement local équitable et durable.

Il est également dit qu'il assure « *la tutelle du Fonds Spécial d'Équipement et d'Intervention intercommunale, des organismes publics de mise en œuvre de la décentralisation et du Centre de Formation pour l'Administration Municipale* ».

Un ministre délégué chargé des Collectivités territoriales décentralisées l'assiste.

L'article 1er du décret n° 2005/104 du 13 avril 2005 portant organisation du ministère de l'Administration territoriale et de la Décentralisation a repris *in extenso* ces dispositions.

Il est également à noter :

- qu'un inspecteur général parmi les trois (03) est spécialement chargé des collectivités territoriales décentralisées au sein de ce département ministériel. Il peut avoir accès à tous les documents des services contrôlés en l'occurrence des administrations régionales. Il peut disposer à titre ponctuel du personnel nécessaire relevant d'autres services du ministère et requérir la force publique en cas de nécessité en vue de prêter main forte ou constater par écrit les atteintes à la fortune publique. Il adresse au ministre concerné un rapport d'inspection ou de contrôle avec copie au secrétaire général dudit ministère.

- qu'une direction des collectivités territoriales décentralisées existe au sein du ministère.

Elle est placée sous l'autorité d'un directeur. Elle est chargée de l'élaboration de la politique du gouvernement en matière de décentralisation territoriale, de l'élaboration de la législation et de la réglementation en matière de contrôle de la légalité des actes des collectivités décentralisées, du *suivi* des interventions de celles-ci en matière économique et sociale, de la coopération décentralisée, de la représentation des intérêts desdites collectivités dans différentes instances de décision au niveau central, du suivi des activités des établissements spécialisés de formation dont le CEFAM.

Elle comprend la cellule d'étude qui travaille en liaison avec la cellule juridique, la sous-direction de l'assistance aux collectivités territoriales qui intervient en matière d'assistance juridique, administrative et de formation des élus.

CONCLUSION

La décentralisation camerounaise est lancée. Elle se met en place avec précaution et minutie.

Elle se démarque du fédéralisme en général (Suisse, Autriche, RFA, États-Unis) et d'une certaine régionalisation en particulier (Espagne, Italie, Royaume-Uni de Grande-Bretagne).

Elle reste une régionalisation classique avec ses autonomies, ses transferts de compétences et la souveraineté de l'État central qui borne et bornera son évolution.

Ces précautions ne sont pas de trop car « faire le Cameroun a pris du temps, de l'argent et du sang »[1].

Le Cameroun n'est pas un « État régional ». Il n'est ni l'Espagne, ni la Belgique, ni le Royaume-Uni. Il est le Cameroun.

---

[1] Mot apocryphe d'un haut responsable français en charge de la décolonisation en 1992 confié à l'auteur.

BIBLIOGRAPHIE

I- OUVRAGES ET PRÉCIS

RIVERO, J. et WALINE, J. : *Droit administratif*, Dalloz.18e Edition (précis).

II- OUVRAGES SPECIALISES

NGANE, S. : *La décentralisation au Cameroun un enjeu de gouvernance* Afredit (Africaine d'Edition) 180 p.

OLINGA, A. D. : *La Constitution de la République du Cameroun*, Presses de l'UCAC Éditions terre africaine, Yaoundé, 315 p.

TEKAM, G. : *Fonction Publique Camerounaise, Statut Général et Textes d'application. Recueil des textes commentés,* février 2006, 312 p.

III- DOCUMENTS

A- SPECIAUX

1. Loi n°74/23 du 5 décembre 1974 portant organisation communale

(République Unie du Cameroun), 267 p.

2. Réforme administrative, Éditions SOPECAM

(République Unie du Cameroun), 148 p.

3. Textes intéressant le fonctionnement du Conseil National de la Décentralisation (CND) et le Comité Interministériel des Services Locaux (Ministère de l'Administration Territoriale et de la Décentralisation) séminaire atelier de renforcement des capacités (Hôtel Mont Fébé 3,4 décembre 2009).

B- CODES

1. Code Pénal Camerounais, Éditions Imprimerie Nationale, 2001.

2. Code général des Impôts.

C- CONSTITUTION

La nouvelle constitution de la République du Cameroun (loi n° 2008/001 du 14 avril).

IV JURISPRUDENCE

BINYOUM, J. : *Les Grands arrêts de la jurisprudence administrative camerounaise*, août 2008, 280 p.

LISTES ANNEXES

ANNEXE N° 1 : Décret n° 2007/117 du 24 avril 2007 portant création de communes.

Le Président de la République décrète : Art 1er : sont créées, à compter de la date de signature du présent décret, les communes ci-après désignées :

I. PROVINCE DE L'ADAMAOUA

Département de la Vina

Commune de Nganha

Chef-lieu : Nganha

Le ressort territorial de ladite commune couvre l'arrondissement de Nganha.

Commune de Ngaoundéré 1er

Chef-lieu : Mbideng

Le ressort territorial de ladite commune couvre l'arrondissement de Ngaoundéré 1er.

Commune de Ngaoundéré 2e.

Chef-lieu : Mabanga

Le ressort territorial de ladite commune couvre l'arrondissement de Ngaoundéré 2e.

Commune de Ngaoundéré 3e

Chef-lieu : Dang

Le ressort territorial de ladite commune couvre l'arrondissement de Ngaoundéré 3e.

Commune de Nyambaka

Chef-lieu : Nyambaka

Le ressort territorial de ladite commune couvre l'arrondissement de Nyambaka.

Commune de Martap

Chef-lieu : Martap

Le ressort territorial de ladite commune couvre l'arrondissement de Martap.

II- PROVINCE DU CENTRE

Département du Mbam et Inoubou

Commune de Bafia

Chef-lieu : Bafia

Le ressort territorial de ladite commune couvre l'arrondissement de Bafia.

Commune de Kiiki

Chef-lieu : Kiiki

Le ressort territorial de ladite commune couvre l'arrondissement de Kiiki.

Commune de Kom-Yambetta

Chef-lieu : Kom-Yambetta

Le ressort territorial de ladite commune couvre l'arrondissement de Kom-Yambetta.

Département du Mfoundi

Commune d'arrondissement de Yaoundé VIIe

Chef-lieu : Nkolbisson

Le ressort territorial de ladite commune couvre l'arrondissement de Yaoundé VIIe Nkolbisson.

La composition de la Communauté Urbaine de Yaoundé et le ressort territorial de la commune d'arrondissement de Yaoundé VIIe sont modifiés en conséquence.

III- PROVINCE DE L'EST

Département du Lom et Djérem

Commune de Bertoua

Chef-lieu : Nkolbikon

Le ressort territorial de ladite commune couvre l'arrondissement de Bertoua 1er.

Commune de Bertoua 2^{e}

Chef-lieu : Yademé

Le ressort territorial de ladite commune couvre l'arrondissement de Bertoua 2e.

Commune de Mandjou

Chef-lieu : Mandjou

Le ressort territorial de ladite commune couvre l'arrondissement de Mandjou.

IV- PROVINCE DE L'EXTRÊME-NORD

Département du Diamaré

Commune de Maroua 1er

Chef-lieu : Domayo

Le ressort territorial de ladite commune couvre l'arrondissement de Maroua 1er.

Commune de Maroua 2^{e}

Chef-lieu : Doualaré

Le ressort territorial de ladite commune couvre l'arrondissement de Maroua 2e.

Commune de Maroua 3^{e}

Chef-lieu : Douggoi

Le ressort territorial de ladite commune couvre l'arrondissement de Maroua 3e.

V- PROVINCE DU LITTORAL

Département du Moungo

Commune de Nkongsamba 1er

Chef-lieu : Eboum I

Le ressort territorial de ladite commune couvre l'arrondissement de Nkongsamba 1er.

Commune de Nkongsamba 2^{e}

Chef-lieu : Ekangte-Mbeng

Le ressort territorial de ladite commune couvre l'arrondissement de Nkongsamba 2e.

Commune de Nkongsamba 3^{e}

Chef-lieu : Mbaressountou

Le ressort territorial de ladite commune couvre l'arrondissement de Nkongsamba 3e.

Département de la Sanaga Maritime

Commune de Dibamba

Chef-lieu : Logbadjeck

Le ressort territorial de ladite commune couvre l'arrondissement de Dibamba.

Commune d'Edéa 1er

Chef-lieu : Pongo

Le ressort territorial de ladite commune couvre l'arrondissement d'Edéa 1er.

Commune d'Edéa 2^{e}

Chef-lieu : Ekité

Le ressort territorial de ladite commune couvre l'arrondissement d'Edéa 2e.

Commune de Ngwei

Chef-lieu : Makondo

Le ressort territorial de ladite commune couvre l'arrondissement de Ngwei.

Département du Wouri

Commune d'arrondissement de Douala VIe

Chef-lieu : Manoka

Le ressort territorial de ladite commune couvre l'arrondissement de Douala VIe.

La composition de la Communauté Urbaine de Douala est modifiée en conséquence.

VI- PROVINCE DU NORD

Département de la Bénoué

Commune de Garoua 2^{e}

Chef-lieu : Poumpoumré

Le ressort territorial de ladite commune couvre l'arrondissement de Garoua 2e.

Commune de Garoua 3^{e}

Chef-lieu : Bocklé

Le ressort territorial de ladite commune couvre l'arrondissement de Garoua 3e.

Commune de Mayo-Hourna

Chef-lieu : Bardanké

Le ressort territorial de ladite commune couvre l'arrondissement de Mayo-Hourna

VII- PROVINCE DU NORD-OUEST

Département de Bui

Commune de Kumbo

Chef-lieu : Kumbo

Le ressort territorial de ladite commune couvre l'arrondissement de Kumbo.

Commune de Nkum

Chef-lieu : Tatum

Le ressort territorial de ladite commune couvre l'arrondissement de Nkum.

Département de la Mezam

Commune de Bamenda 1er

Chef-lieu : Bamendankwe

Le ressort territorial de ladite commune couvre l'arrondissement de Bamenda 1er.

Commune de Bamenda 2^{e}

Chef-lieu : Mankon

Le ressort territorial de ladite commune couvre l'arrondissement de Bamenda 2e.

Commune de Bamenda 3^{e}

Chef-lieu : Nkwen

Le ressort territorial de ladite commune couvre l'arrondissement de Bamenda 3e.

VIII- PROVINCE DE L'OUEST

Département du Haut-Nkam

Commune de Bafang

Chef-lieu : Bafang

Le ressort territorial de ladite commune couvre l'arrondissement de Bafang.

Commune de Banka

Chef-lieu : Banka

Le ressort territorial de ladite commune couvre l'arrondissement de Banka.

Département de la Menoua

Commune de Dschang

Chef-lieu : Dschang

Le ressort territorial de ladite commune couvre l'arrondissement de Dschang.

Commune de Fongo-Tongo

Chef-lieu : Fongo -Tongo

Le ressort territorial de ladite commune couvre l'arrondissement de Fongo-Tongo.

Département de la Mifi

Commune de Bafoussam 1er

Chef-lieu : Bafoussam

Le ressort territorial de ladite commune couvre l'arrondissement de Bafoussam 1er.

Commune de Bafoussam 2e

Chef-lieu : Baleng

Le ressort territorial de ladite commune couvre l'arrondissement de Bafoussam 2e.

Commune de Bafoussam 3e

Chef-lieu : Bamoungoum

Le ressort territorial de ladite commune couvre l'arrondissement de Bafoussam 3e.

Département du Noun

Commune de Foumban

Chef-lieu : Foumban

Le ressort territorial de ladite commune couvre l'arrondissement de Foumban.

Commune de Njimom

Chef-lieu : Njimom

Le ressort territorial de ladite commune couvre l'arrondissement de Njimom.

IX- PROVINCE DU SUD

Département du Dja et Lobo

Commune de Sangmelima

Chef-lieu : Sangmelima

Le ressort territorial de ladite commune couvre l'arrondissement de Sangmelima.

Commune de Meyomessi

Chef-lieu : Meyomessi

Le ressort territorial de ladite commune couvre l'arrondissement de Meyomessi.

Département de la Mvilla

Commune d'Ebolowa 1er

Chef-lieu : Ebolowa-si

Le ressort territorial de ladite commune couvre l'arrondissement d'Ebolowa 1er.

Commune d'Ebolowa 2e

Chef-lieu : Angalé

Le ressort territorial de ladite commune couvre l'arrondissement d'Ebolowa 2e.

Commune d'Efoulan

Chef-lieu : Efoulan

Le ressort territorial de ladite commune couvre l'arrondissement d'Efoulan.

Commune de Biwong-Bulu

Chef-lieu : Biwong-Bulu

Le ressort territorial de ladite commune couvre l'arrondissement de Biwong-Bulu.

Département de l'Océan

Commune de Kribi 1er

Chef-lieu : Massaka

Le ressort territorial de ladite commune couvre l'arrondissement de Kribi 1er.

Commune de Kribi 2e

Chef-lieu : Dombe

Le ressort territorial de ladite commune couvre l'arrondissement de Kribi 2e.

Commune de Lokoundje

Chef-lieu : Finfinda

Le ressort territorial de ladite commune couvre l'arrondissement de Lokoundje.

Département de la Vallée du Ntem

Commune de Kye-Ossi

Chef-lieu : Kye-Ossi

Le ressort territorial de ladite commune couvre l'arrondissement de Kye-Ossi.

X- PROVINCE DU SUD-OUEST

Département du fako

Commune de Limbe 1er

Chef-lieu : Poh

Le ressort territorial de ladite commune couvre l'arrondissement de Limbe 1er.

Commune de Limbe 2e

Chef-lieu : Mukundange

Le ressort territorial de ladite commune couvre l'arrondissement de Limbe 2e.

Commune de Limbe 3e

Chef-lieu : Bimbia

Le ressort territorial de ladite commune couvre l'arrondissement de Limbe 3e.

Département de la Meme

Commune de Kumba 1er

Chef-lieu : Njuki

Le ressort territorial de ladite commune couvre l'arrondissement de Kumba 1er.

Commune de Kumba 2e.

Chef-lieu : Fiango

Le ressort territorial de ladite commune couvre l'arrondissement de Kumba 2e.

Commune de Kumba 3e

Chef-lieu : Mambada

Le ressort territorial de ladite commune couvre l'arrondissement de Kumba 3e.

Art. 2 : Sont abrogées toutes dispositions antérieures contraires au présent décret.

Art. 3 : Le présent décret sera enregistré, publié suivant la procédure d'urgence, puis inséré au journal officiel en français et en anglais.

Yaoundé, le 24 avril 2007

Le Président de la République, (é) Paul BIYA

ANNEXE N°2 : FINANCEMENTS DU FEICOM

Annexe N°2.1 : Tableau de répartition géographique des financements

Région	Nombre de communes / Région	Nombre de communes	Nombre de projets	Coûts des projets	Pourcentage
Adamaoua	22	11	15	612 378 527	2,9%
Centre	71	24	31	3 499 183 609	16,64%
Est	34	10	14	1 792 230 635	8,52%
Extrême Nord	48	17	31	2 509 572 108	11,93%
Littoral	37	25	39	2 103 033 872	10,00%
Nord	22	9	14	981 816 696	4,67%
Nord-ouest	35	17	20	1 855 063 693	8,82%
Ouest	41	21	29	3 440 622 997	16,36%
Sud	31	12	17	2 221 586 951	10,57%
Sud-ouest	33	10	11	2 011 685 524	9,57%
TOTAL	**374**	**156**	**221**	**21 027 174 612**	**100%**

<u>**Sources**</u> : 15ème Session ordinaire du Conseil d'Administration Yaoundé, le 09 décembre

Annexe N°2.2 : Tableau de typologie des projets financés par le CCFF

Type de projets	Nombre de projets	Coûts des projets	Pourcentage
Adduction d'eau	41	4 057 724 732	19,91%
Electrification	30	4 584 294 610	22,50%
Equipements commerciaux	13	1 848 178 062	9,07%
Equipements culturels	2	77 548 931	0,38%
Equipements de fonction	37	5 599 626 088	27,48%
Equipement de santé	1	70 000 000	0,34%
Equipement éducatif	28	2 512 069 740	12,33%
Foresterie	1	80 250 000	0,39%
Routes et ponts	14	1 352 168 439	6,64%
Véhicules et engins	2	295 000 000	0,96%
TOTAL	**169**	**20 476 855 602**	**100,00%**

Annexe N°2.3 : Diagramme de répartition typologique des projets financés par le CCFF

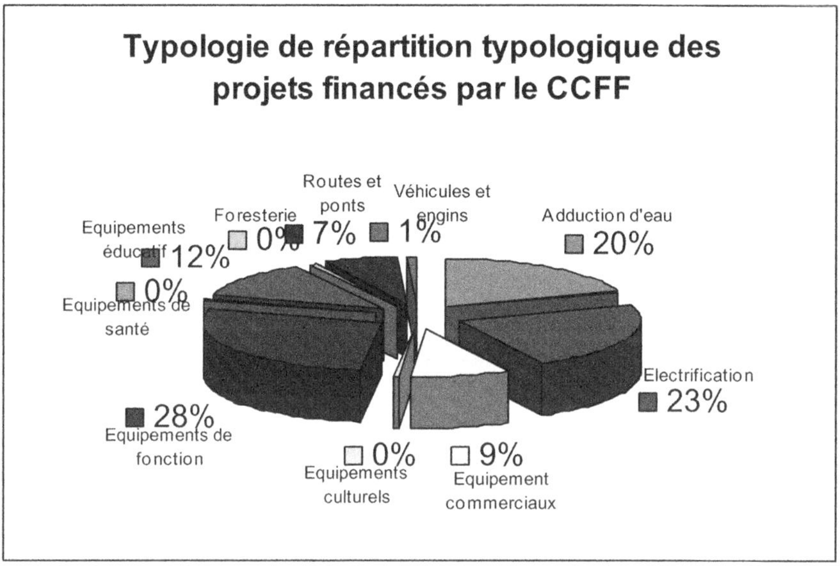

TABLE DE MATIERES

L'HARMATTAN ITALIE
Via Degli Artisti 15; 10124 Torino

L'HARMATTAN HONGRIE
Könyvesbolt ; Kossuth L. u. 14-16
1053 Budapest

L'HARMATTAN BURKINA FASO
Rue 15.167 Route du Pô Patte d'oie
12 BP 226 Ouagadougou 12
(00226) 76 59 79 86

ESPACE L'HARMATTAN KINSHASA
Faculté des Sciences sociales,
politiques et administratives
Université de Kinshasa
BP243, KIN XI

L'HARMATTAN CONGO
67, av. E. P. Lumumba
Bât. – Congo Pharmacie (Bib. Nat.)
BP2874 Brazzaville
harmattan.congo@yahoo.fr

L'HARMATTAN GUINÉE
Almamya Rue KA 028, en face du restaurant Le Cèdre
OKB agency BP 3470 Conakry
(00224) 60 20 85 08
harmattanguinee@yahoo.fr

L'HARMATTAN CÔTE D'IVOIRE
M. Etien N'dah Ahmon
Résidence Karl / cité des arts
Abidjan-Cocody 03 BP 1588 Abidjan 03
(00225) 05 77 87 31

L'HARMATTAN MAURITANIE
Espace El Kettab du livre francophone
N° 472 avenue du Palais des Congrès
BP 316 Nouakchott
(00222) 63 25 980

L'HARMATTAN CAMEROUN
BP 11486
Face à la SNI, immeuble Don Bosco
Yaoundé
(00237) 99 76 61 66
harmattancam@yahoo.fr

L'HARMATTAN SÉNÉGAL
« Villa Rose », rue de Diourbel X G, Point E
BP 45034 Dakar FANN
(00221) 33 825 98 58 / 77 242 25 08
senharmattan@gmail.com

610856 - Juin 2015
Achevé d'imprimer par

1livre.com
du rêve à la réalité !

Made in the USA
Monee, IL
16 March 2026

46283254R00096